MADRID INDUSTRIAL

GUIA DEL PATRIMONIO PRODUCTIVO
FUENCARRAL

RUTA
FC1

Autores
Sálvora Feliz
Juan Tur

Colaboradores
Cristina Asla Ortiz de Latierro
Marta Benito Ortiz
Camila Burgos Vargas
Laura González Caballero
Franco di Nardo
Aldana Ohemil Moya Herrera
Cristina Pardo López
Deyvi Papo
Emilio Prado Rodríguez
Susy Milagros Torres Chicoma
Carlos Javier Villar Villalobos

Edición
Área de Gobierno de Urbanismo, Medio Ambiente y Movilidad del Ayuntamiento de Madrid

Dirección y coordinación municipal
Dirección General de Planificación Estratégica
Margarita María Torres Rodríguez

Subdirección General de Evaluación Urbana
Juan Manuel Fernández Alonso

Servicio de Estrategias Urbanas
Mónica Ángela de Blas Gutiérrez

Departamento de Proyectos Estratégicos I
Francisco Javier Martín Lluch
Raquel Díaz Martín

Coordinación editorial municipal
Departamento de Difusión y Cooperación
Institucional
Raquel Bravo Rubio
Laura Díaz Hernández
Eva Resco González
Mª del Carmen Moreno Cabrera

Diseño gráfico y maquetación
Sálvora Feliz
Juan Tur

© de los textos, dibujos y diagramas
Sálvora Feliz
Juan Tur

© de las imágenes
sus autores

© de la edición
Área de Gobierno de Urbanismo, Medio Ambiente y Movilidad del Ayuntamiento de Madrid

ISBN 978-84-7812-859-4
Depósito legal M-22588-2024

Impresión y encuadernación
Grafo S.A.
Impreso en España / *Printed in Spain*

Este documento es el resultado del contrato menor de servicios para la localización, identificación
y el estudio de la arquitectura industrial en los ámbitos de la Estrategia Urbanística para la Actividad
Económica de la Ciudad de Madrid, realizado por la Dirección General de Planificación Estratégica
del Área de Gobierno de Urbanismo, Medio Ambiente y Movilidad del Ayuntamiento de Madrid.

Este documento tiene como antecedente el trabajo de investigación de los autores denominado
"Madrid Industrial. Guía del patrimonio productivo", apoyado por el IED Innovation Lab de Madrid y
financiado por el Área de Gobierno de Economía e Innovación del Ayuntamiento de Madrid.

PRÓLOGO

Me complace enormemente presentar la nueva colección de guías "Madrid Industrial" con las que el Ayuntamiento de Madrid pretende poner en valor el patrimonio de una serie de polígonos industriales surgidos en diferentes distritos de nuestra ciudad durante la segunda mitad del siglo XX.

Estas publicaciones, resultado de un proyecto de investigación, están concebidas como guías ilustradas de un interesante patrimonio edificado, algunos de cuyos edificios han desaparecido o han sido transformados en la actualidad, pero que, sin embargo, han dejado una huella reconocible en la trama urbana. Las guías estructuran una serie de rutas que promueven su conocimiento a través de información de sus orígenes, características, planos y fotografías.

Los edificios que conforman los itinerarios propuestos albergaban fábricas, almacenes, talleres o servicios, y han sido cuidadosamente seleccionados, ya sea por la utilización de nuevos materiales o técnicas de construcción para la época, como por su contribución a la experimentación con modelos tipológicos novedosos. Su conocimiento es una aportación primordial para abordar la regeneración urbana de estos ámbitos de pasado industrial mediante la reutilización y el reciclaje. Unos principios perfectamente alineados con la Estrategia de Sostenibilidad Ambiental Madrid 360, que permiten dar continuidad a la contribución de estos polígonos al desarrollo de nuevas e innovadoras actividades económicas en la ciudad.

En concreto, en esta guía que tienes entre tus manos se describe una ruta por uno de los polígonos más importantes del distrito de Fuencarral-El Pardo que incluye, entre otros edificios, la fábrica CLESA, que jugó un papel crucial en el desarrollo de la arquitectura moderna en España y el impulso de la economía local en los años 60; la mítica fabrica Profidén, recogida en el Catálogo de Edificios Protegidos, y la Sede de la Óptica Essilor, que fue proyecto ganador del Premio de Urbanismo y Arquitectura del Ayuntamiento de Madrid 1985.

Con esta publicación, el Ayuntamiento de Madrid mantiene su compromiso de contribuir a la difusión, a la puesta en valor y a la salvaguarda del patrimonio arquitectónico y urbanístico de nuestra ciudad.

Espero y deseo firmemente que las páginas que encontrarás a continuación sirvan para despertar el deseo de explorar y aprender más sobre la identidad de nuestra ciudad.

Francisco de Borja Carabante Muntana

Segundo Teniente de Alcalde y Delegado del Área de Gobierno de Urbanismo, Medio Ambiente y Movilidad del Ayuntamiento de Madrid

ÍNDICE

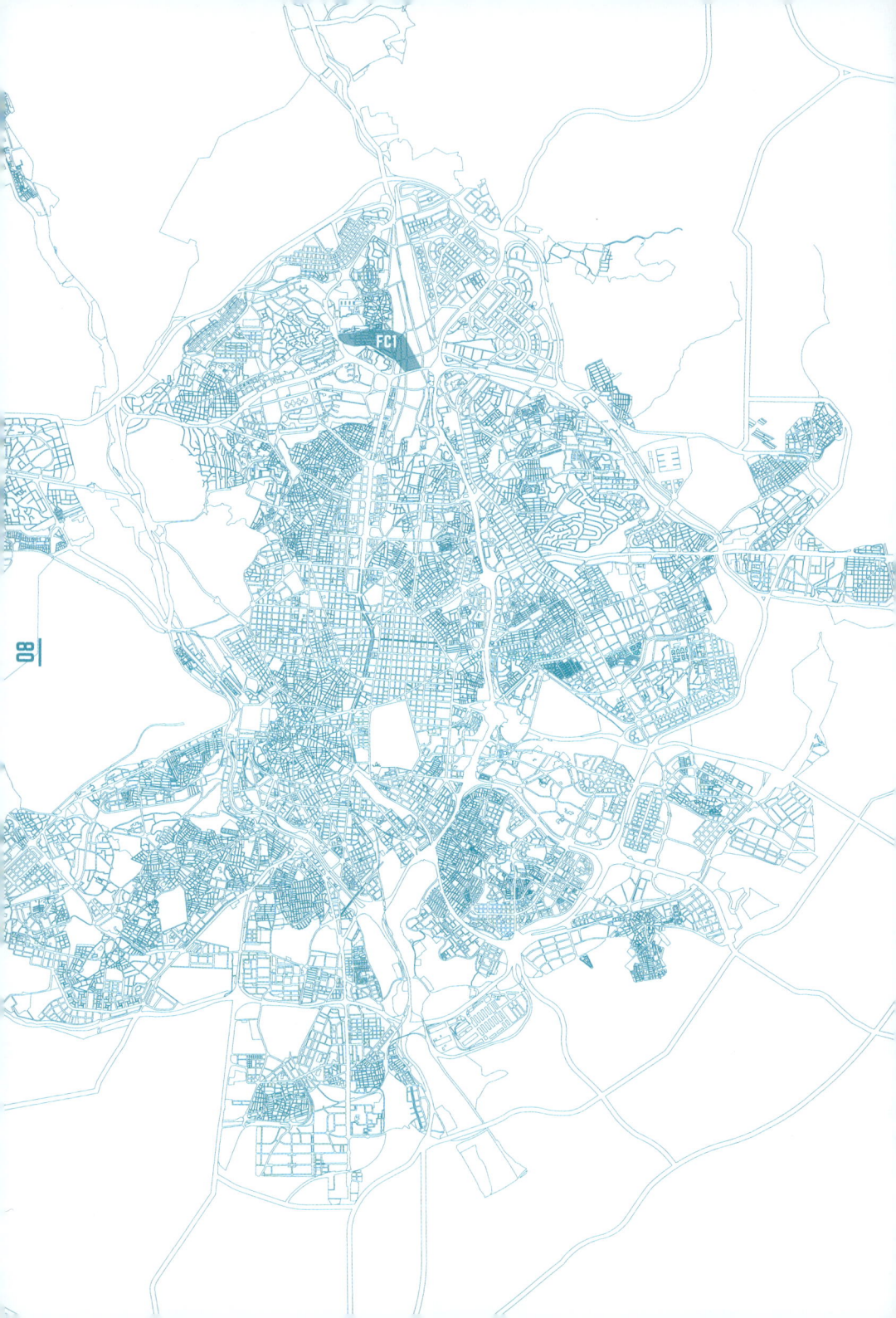

FC1

08

FUENCARRAL INDUSTRIAL

La presente guía forma parte de **Madrid Industrial**, un proyecto de investigación y puesta en valor del patrimonio productivo de Madrid, enfocado al estudio de los polígonos creados durante la segunda mitad del siglo XX en la corona periférica de la ciudad.

Concebidos en las décadas de los años 40 y 50 al amparo del desarrollismo estatal propio de la posguerra y llegando a su máximo crecimiento en la expansión económica de la década de los años 60, la actividad productiva de estos polígonos industriales comenzó a decaer posteriormente con el consiguiente desplazamiento de las actividades económicas a otros ámbitos y sectores. En este sentido, desde la década de los años 90 se ha producido la transformación parcial de su actividad hacia la combinación con el uso terciario, así como la reducción de su tejido por la presión inmobiliaria y el crecimiento de los desarrollos residenciales de su alrededor. Encontramos así hoy un paisaje heterogéneo donde cohabitan de manera desigual fábricas, empresas y viviendas, conformando una nueva realidad tecnológica y productiva, con usos y actividades que redefinen la producción contemporánea vs la industria tradicional.

En este escenario de reconversión del tejido industrial, se revela pertinente el estudio detenido de algunas edificaciones notables que son hoy memoria del nacimiento de los diferentes distritos y barrios de la periferia madrileña, y que se erigen como ejemplos arquitectónicos significativos de una época sobre la que quizás no nos hemos detenido suficiente. En un contexto internacional de regeneración urbana bajo los principios de reutilización y reciclaje, la puesta en valor de estos grandes contenedores productivos se antoja relevante para evitar su abandono y demolición de modo que, a través de procesos de recarga con nuevos usos, se les dote de una segunda vida.

Se presenta así esta colección concebida como una guía ilustrada del patrimonio industrial y estructurada a lo largo de unas rutas que promueven el conocimiento de los distintos distritos mediante sus construcciones. Estas guías permiten conocer la historia y las características detrás de cada una de ellas, facilitando una comparativa de los casos de estudio donde la información de cada edificio se ha sintetizado para ofrecer una visión contemporánea de este patrimonio olvidado, presentándose como un legado de gran valor a tener en cuenta para su futuro desarrollo.

El Polígono industrial de Fuencarral ha ido creciendo lentamente en los últimos 50 años, evolucionando de una pradera hacia el tejido productivo que podemos observar en el siglo XXI. Actualmente, se encuentra en un momento de fortalecimiento de su identidad, en el que busca un equilibrio entre la especulación y la gentrificación que le acecha, puesto que su patrimonio e infraestructuras arquitectónicas necesitan renovarse para atender a las necesidades contemporáneas de sus vecinos/as. Su buena conectividad y su cercanía a los Hospitales Ramón y Cajal y La Paz, convierte este territorio en un entorno de gran potencial para inversores, lo que está generando conflictos entre el respeto a los ritmos de barrio y la explotación económica del mismo.

UNA PRADERA INDUSTRIALIZADA EN FUENCARRAL

Situado junto al extremo norte de la almendra central de Madrid, el Polígono industrial de Fuencarral se localiza en el distrito de Fuencarral-El Pardo, comenzando a esbozarse en la segunda mitad de la década de los años 60. El área está condicionada por las vías de comunicación que conectan la ciudad con la zona norte, como la carretera de Madrid-Irún (M-607), las vías de tren de la estación de Chamartín, el área del nudo de Manoteras, la M-11 y la M-30. Sin embargo, las primeras construcciones comenzaron a realizarse cuando la circunvalación rodada y las conexiones ferroviarias estaban solamente planificadas, ya que la concepción de la estación de tren se remonta a la Segunda República y el proyecto para la circunvalación que después sería la M-30, se fragua en la década de los años 40. Es importante destacar que el conjunto ferroviario fue inaugurado sólo parcialmente en 1967, mientras que el nudo de Manoteras se inauguró en 1974, siendo la adición del ramal a la Avenida de la Ilustración muy posterior, concretamente en 1996. Esta situación de desarrollo paulatino produce una ocupación del polígono a un ritmo inferior con respecto a otras áreas industriales de Madrid.

El municipio de Fuencarral fue anexionado a Madrid por decreto en 1950. En este tiempo, esta extensión era una gran pradera a las afueras del pueblo. Uno de los primeros proyectos que se realizan en la zona es la Central Lechera CLESA en 1958, cuya ubicación será elegida precisamente por tratarse de un territorio sin casi ocupación, lo cual aseguraba una producción de leche libre de posibles contaminantes que pudieran afectar al agua utilizada. Otro proyecto de estos primeros años son los Laboratorios Profidén en 1962 y las Naves de Mercedes Benz.

En la década de los años 70, el Polígono empezaba a estar cercado por construcciones residenciales y dotaciones hospitalarias (como el Hospital de La Paz que fue inaugurado en 1964). A pesar de esto, el número de industrias que se localizaba en este ámbito, era reducido, ubicándose además de forma salpicada. Con la urbanización ya ejecutada, grandes parcelas se encontraban vacías, situación que tardaría en revertirse. De hecho, 20 años más tarde, en la década

Fig. 02 | Catastrones 1940-1950 del área

de los años 90, todavía puede observarse cómo el polígono no está colmatado. Por ello, esta selección presenta una serie de edificios correspondientes a un arco temporal muy amplio, de 50 años, siendo su pieza más reciente el Edificio FORUM.

En este sentido, la desindustrialización de otras áreas de la capital propiciará el traslado de industrias a esta zona. Así podemos encontrar una gran diversidad de empresas enfocadas a la industria química, centros de investigación, óptica y oficinas. Estas industrias limpias han terminado por configurar un urbanismo de escala no doméstica, que no acaba de ser el entorno natural del peatón y que, sin embargo, se ve en la obligación de convivir con áreas residenciales muy próximas a él.

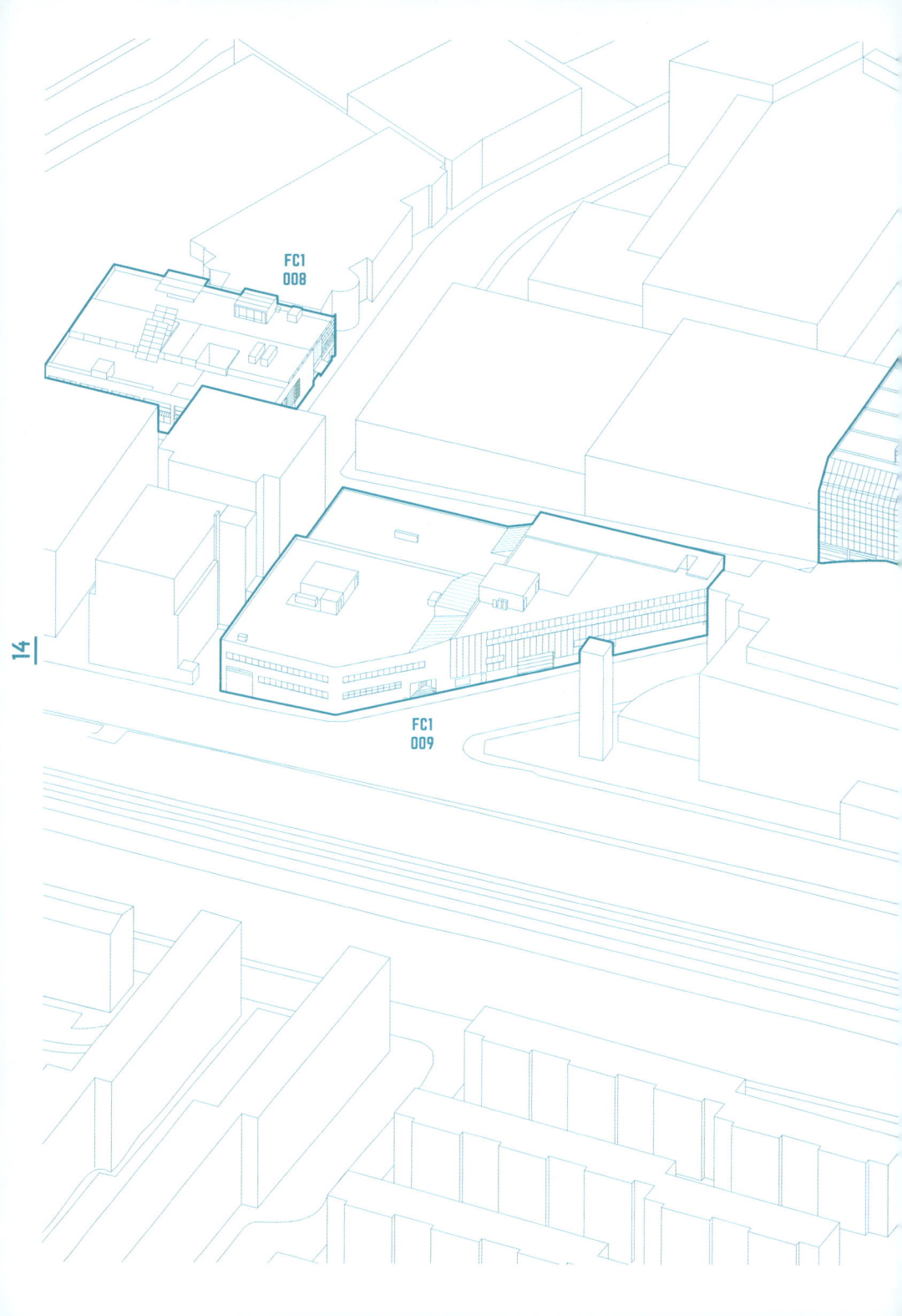

FC1
008

FC1
009

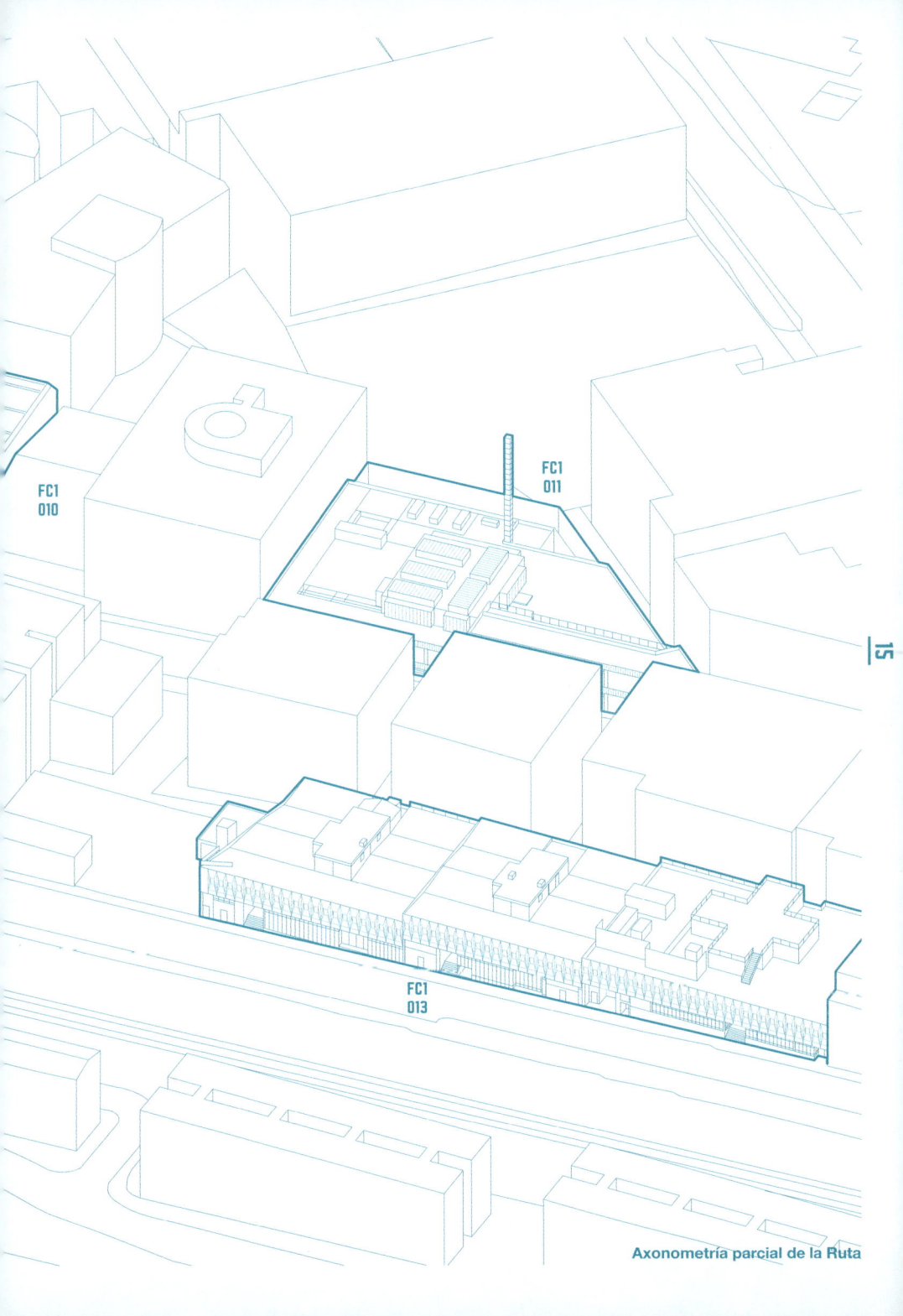

FC1
010

FC1
011

FC1
013

Axonometría parcial de la Ruta

FC1

Vuelo aéreo del distrito en 1991

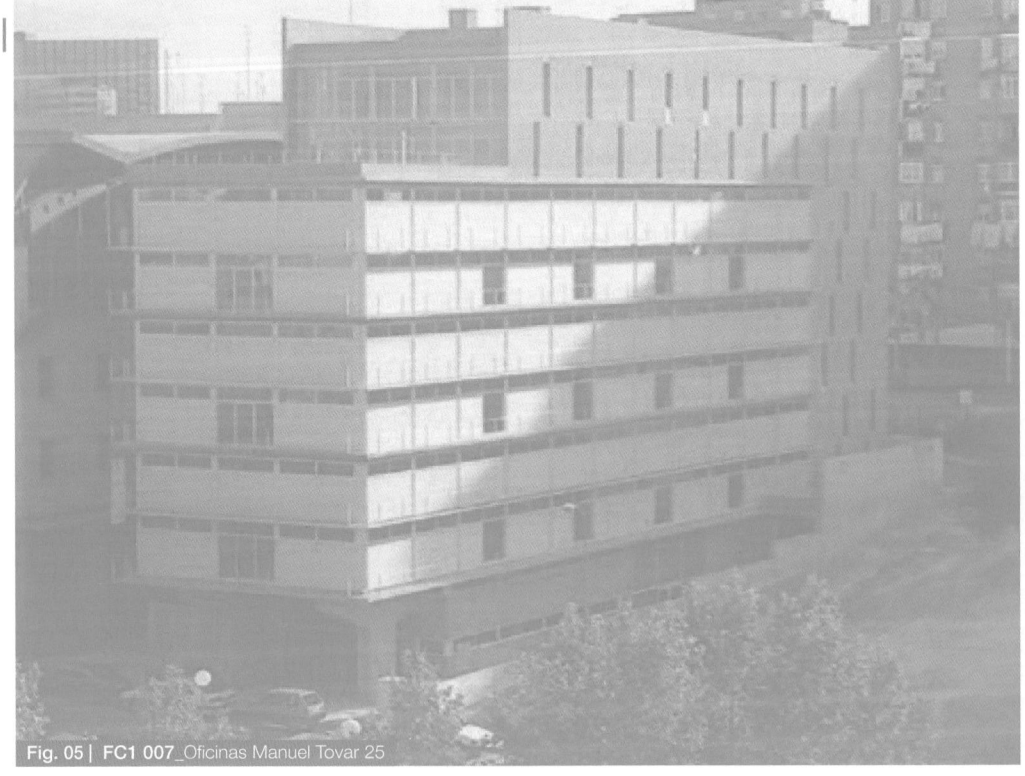

Fig. 04 | Poblado Dirigido de Fuencarral C en la década de los años 60

Fig. 05 | FC1 007_Oficinas Manuel Tovar 25

Fig. 06 | Patio de colegio en Fuencarral

Fig. 07 | FC1 001_Central Lechera CLESA_©Archivo Fundación Alejandro de La Sota

Fig. 08 | **FC1 008**_Edificio de GELTRA

Fig. 09 | **FC1 004**_Edificio FORUM

Fig. 10 | **FC1 006**_Sede Óptica Essilor Madrid

Fig. 11 | FC1 005_Sede de la Fundación de Gremios

Fig. 12 | FC1 009_Edificio de almacenamiento de materiales plásticos IRPEN

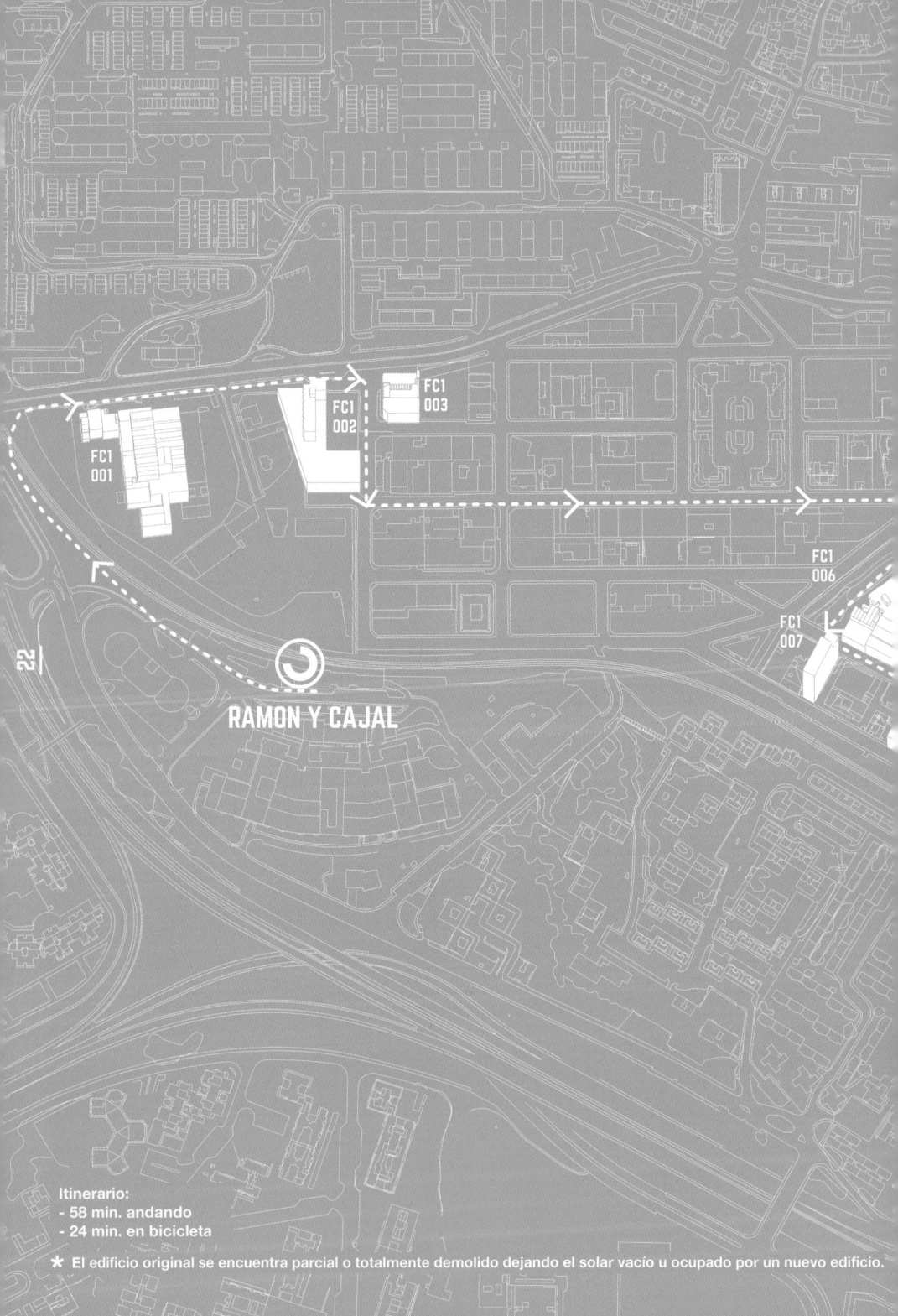

FC1
001

FC1
002

FC1
003

FC1
006

FC1
007

22

RAMON Y CAJAL

Itinerario:
- 58 min. andando
- 24 min. en bicicleta

★ El edificio original se encuentra parcial o totalmente demolido dejando el solar vacío u ocupado por un nuevo edificio.

FC1
004

FC1
005

FC1
010

FC1
011

* FC1
013

FC1
012

23

FC1
014

RUTA FC1

Superficie de parcela **31.055 m2**	Implantación urbana **Edificio exento en complejo fabril**
Superficie construida **9.815 m2**	Número de plantas **IV**
Edificabilidad (m2c/m2p) **0,32**	Actividad original **Elaboración de leches embotelladas y derivados - CLESA MADRID S.A.**
Barrio **Valverde**	Actividad principal actual **--**

0 20   100m

Inicialmente, la nave central estaba flanqueada por los muelles de recepción de envases vacíos y de expedición de productos. En su interior se encuentran las siete líneas de embotellado del lácteo. El resto del programa se distribuye en otras edificaciones secundarias, como el área meridional, donde están las naves frigoríficas y el almacén de subproductos y mantequería.

La central lechera se propone para una producción de 200.000 litros al día. Para ello, se cuida especialmente su orientación y su disposición volumétrica.

La estructura se plantea de vigas de hormigón pretensadas.

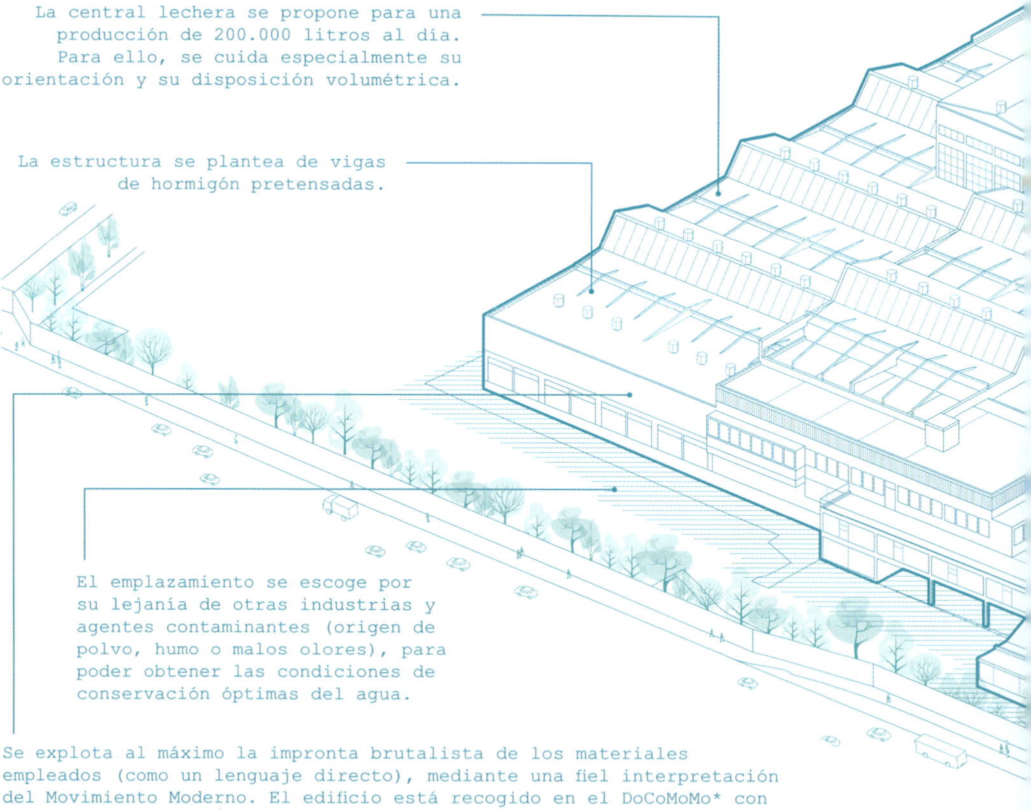

El emplazamiento se escoge por su lejanía de otras industrias y agentes contaminantes (origen de polvo, humo o malos olores), para poder obtener las condiciones de conservación óptimas del agua.

Se explota al máximo la impronta brutalista de los materiales empleados (como un lenguaje directo), mediante una fiel interpretación del Movimiento Moderno. El edificio está recogido en el DoCoMoMo* con categoría nivel A.

Axonometría. 2024

Estructura
Hormigón armado y pretensado

Arquitectos
**Alejandro de la Sota Martínez y
Fernando Lapayese del Río**

Nombre original
**Central
Lechera
CLESA**

Cubierta
Diente de sierra y plana

Ingeniero y aparejador
**Daniel Ramos y
Manuel Moreno**

Envolvente
Bloque de hormigón

Fecha de inicio de proyecto
1958

Estado
Sin uso

Propiedad actual
Metrovacesa S.A.

Dirección
Av. del Cardenal Herrera Oria, 67

En 1972 se plantea un proyecto para la ampliación del conjunto (nunca construido) ya que la empresa elabora 2,5 veces más de productos lácteos que al inicio de la década de los años 60.

Con el paso de los años ha sufrido ampliaciones y reformas, así como demoliciones, intentando adaptarse a las modificaciones de producción y al cambio de propietarios.

La actividad en la fábrica cesa en 2012. Después de convocarse un primer concurso en 2015, se presenta otra competición a través de la iniciativa Reinventing Cities en 2020-2021.

En 2021 se convoca el consurso Reinventing Cities para la rehabilitación de la fábrica. El proyecto ganador por parte de Kadans Science Partner convertirá la edificación en un Life Sciences research centre.

La parcela actual es de menor dimensión (7.014 m2), debido a la segregación del solar original. Esta división del terreno se debe a la realización del Oria Innovation Campus donde, Metrovacesa S.A junto con Vita Group, construirán oficinas, apartotel y residencia de estudiantes en los terrenos colindates a la edificación.

En 2024, el conjunto entra en el catálogo de Bienes de Interés Cultural (BIC) con categoría de monumento.

https://archivo.alejandrodelasota.org/es/original/project/82

1. Recepción de
botellas vacías
2. Almacén
3. Subproductos
4. Lavado de botellas
5. Esterilización
6. Mantequería
7. Cámara −15°C
8. Almacén de leche
esterilizada
9. Cámara 0°C
10. Expedición
11. Comedores
12. Aseos
13. Recepción de leche

Alzado este. 1961
Planta baja. 1961

0   5   10m

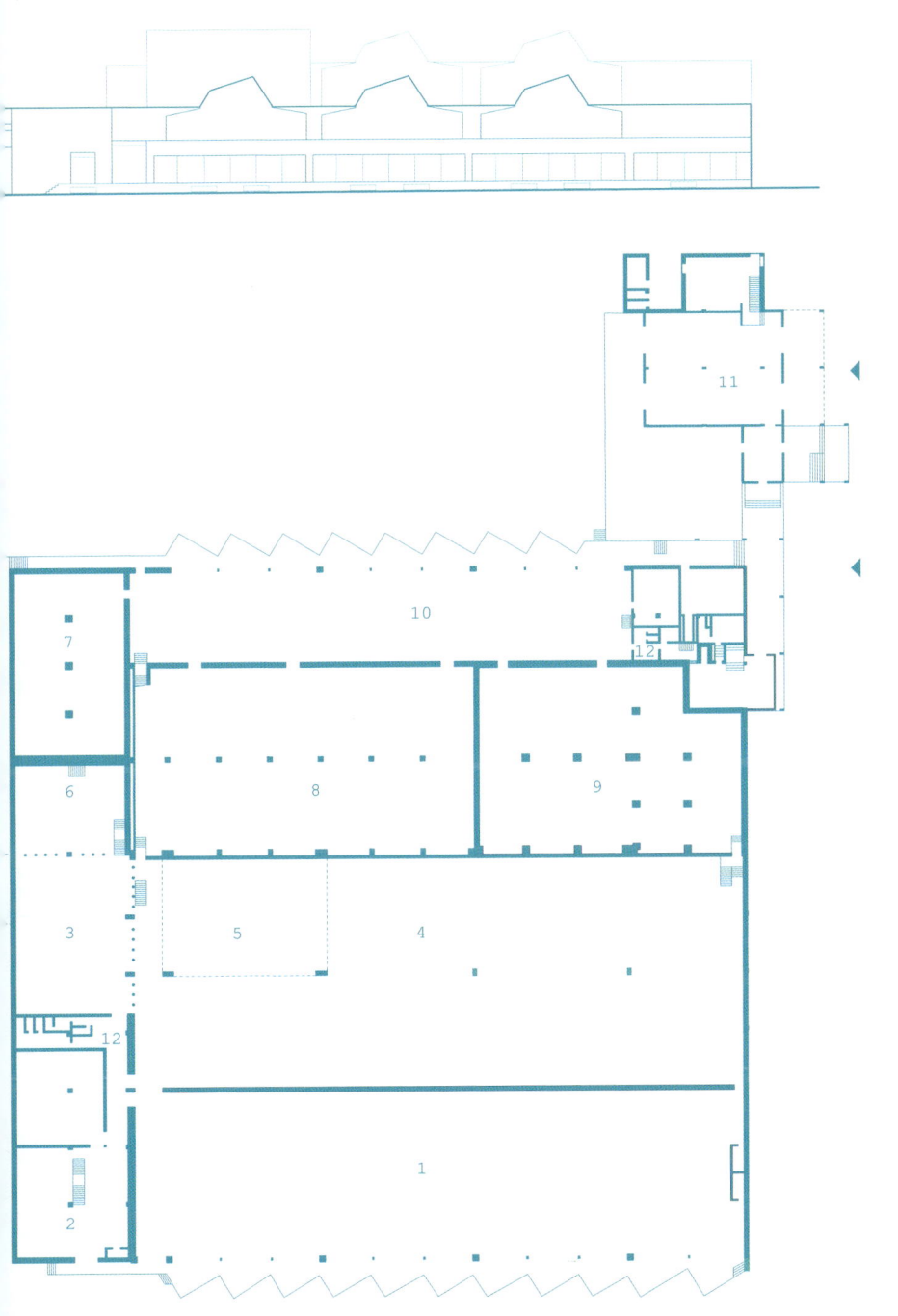

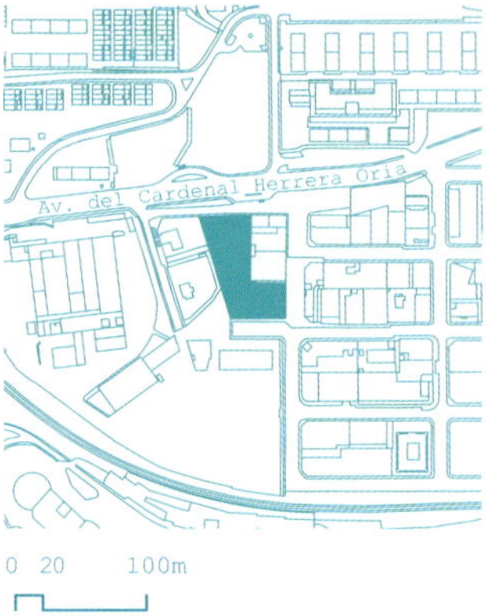
Av. del Cardenal Herrera Oria
0 20 100m

Superficie de parcela
3.600 m2

Superficie construida
8.790 m2

Edificabilidad (m2c/m2p)
2,44

Barrio
Valverde

Implantación urbana
Edificio en manzana con alineación

Número de plantas
V

Actividad original
Almacén y Oficinas - Edificaciones Cimer S.A.

Actividad principal actual
Original

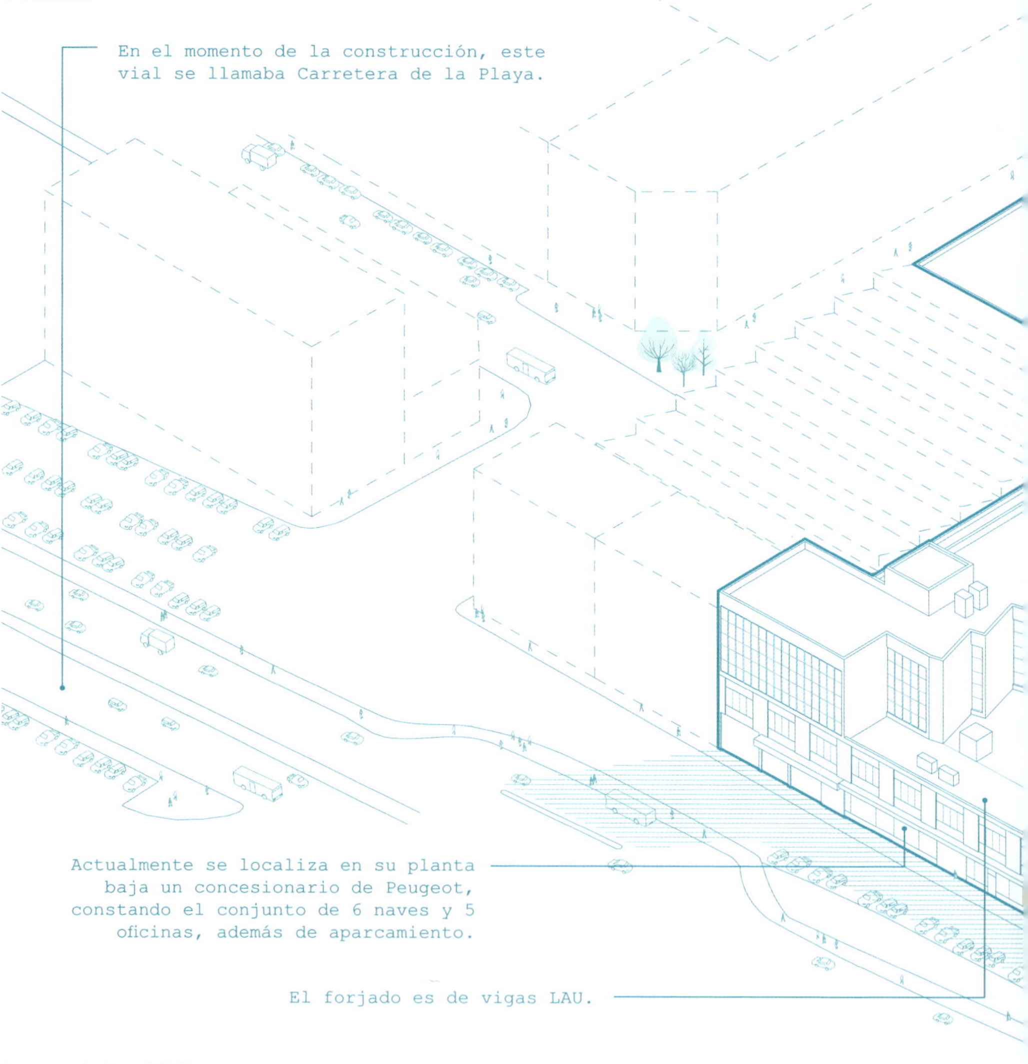
En el momento de la construcción, este vial se llamaba Carretera de la Playa.
Actualmente se localiza en su planta baja un concesionario de Peugeot, constando el conjunto de 6 naves y 5 oficinas, además de aparcamiento.
El forjado es de vigas LAU.

Axonometría. 2023

Estructura	Arquitecto
Metálica de hierro	**José Coronel Jiménez**

Cubierta	Aparejador
Plana	**Felipe Gutiérrez Remiro**

Envolvente	Fecha de inicio de proyecto
Fábrica de ladrillo y zócalo de piedra	**1970**

Estado	Propiedad actual	Dirección
En uso con alteraciones	**Varios**	**Av. del Cardenal Herrera Oria, 63**

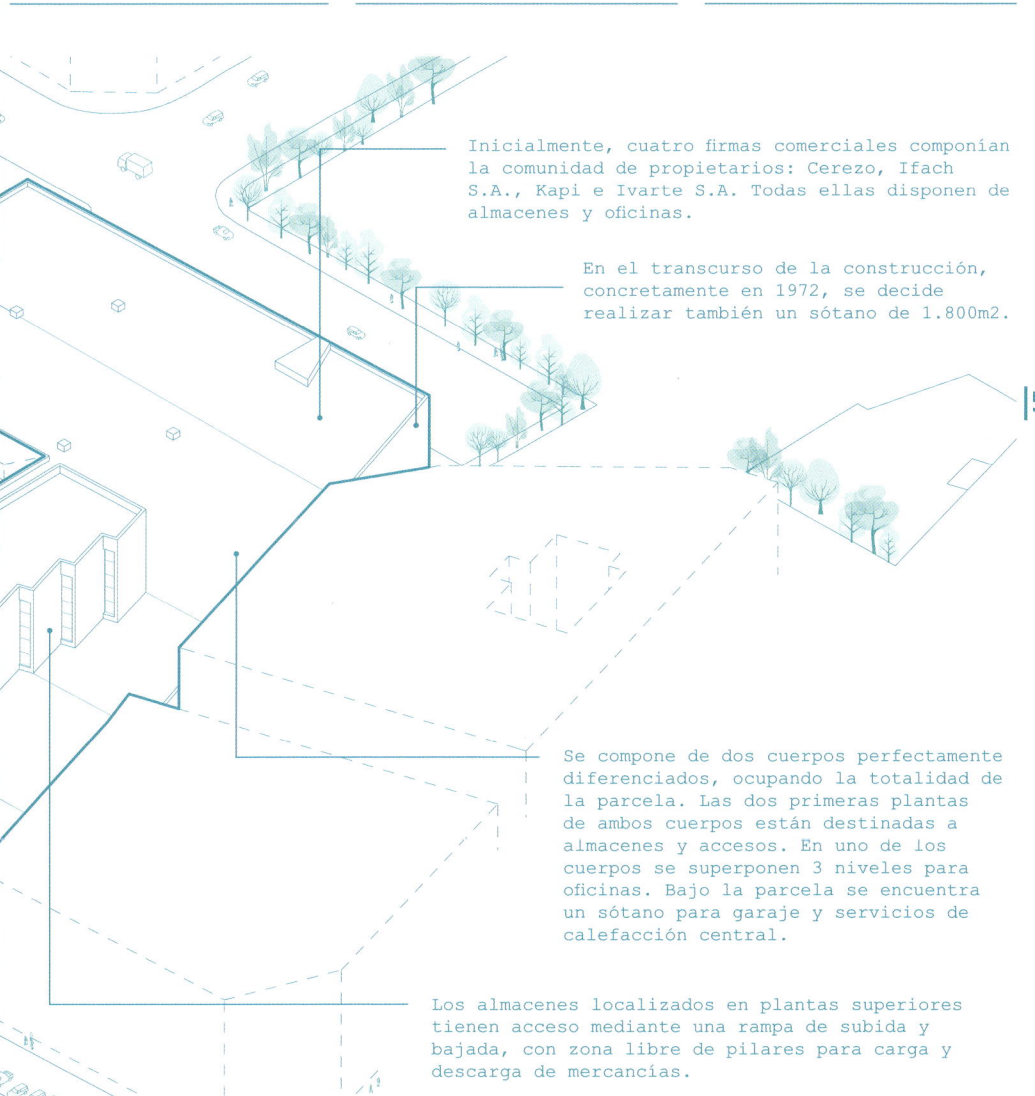

Inicialmente, cuatro firmas comerciales componían la comunidad de propietarios: Cerezo, Ifach S.A., Kapi e Ivarte S.A. Todas ellas disponen de almacenes y oficinas.

En el transcurso de la construcción, concretamente en 1972, se decide realizar también un sótano de 1.800m2.

Se compone de dos cuerpos perfectamente diferenciados, ocupando la totalidad de la parcela. Las dos primeras plantas de ambos cuerpos están destinadas a almacenes y accesos. En uno de los cuerpos se superponen 3 niveles para oficinas. Bajo la parcela se encuentra un sótano para garaje y servicios de calefacción central.

Los almacenes localizados en plantas superiores tienen acceso mediante una rampa de subida y bajada, con zona libre de pilares para carga y descarga de mercancías.

1. Portal
2. Control
3. Aseos
4. Oficinas
5. Almacén
6. Rampa bajada
7. Rampa subida

Alzado norte. 1970
Planta baja. 1970

0   5   10m

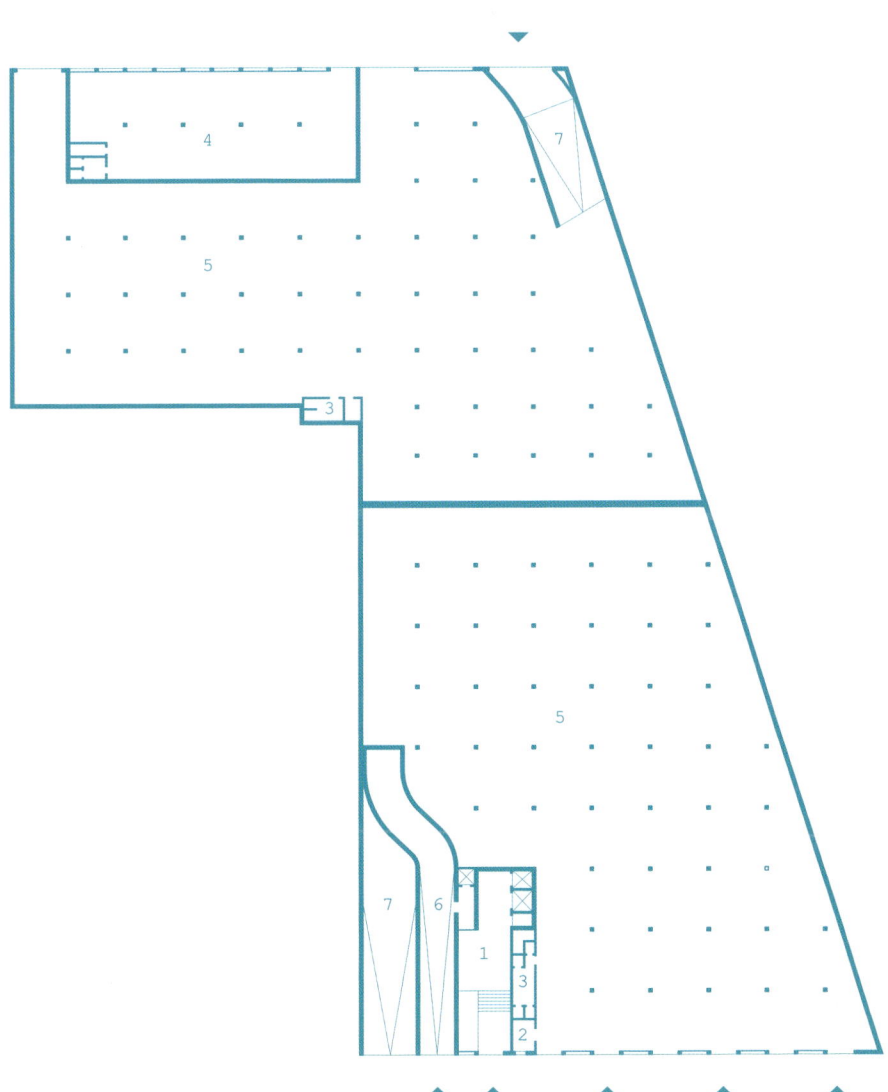

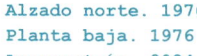

Superficie de parcela
825 m2

Superficie construida
2.157 m2

Edificabilidad (m2c/m2p)
2,62

Barrio
Valverde

Implantación urbana
Edificio en manzana con alineación

Número de plantas
V

Actividad original
Alquiler o venta de oficinas y local comercial

Actividad principal actual
Original

0 20   100m

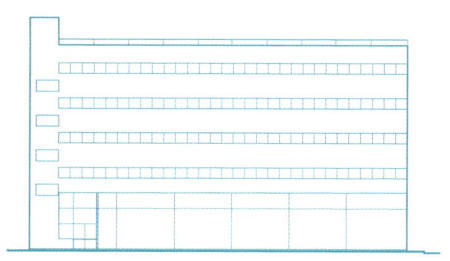

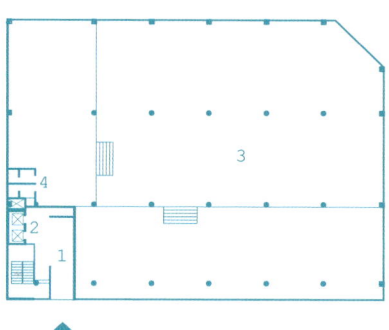

Alzado norte. 1976
Planta baja. 1976
Axonometría. 2024

0   5   10m

1. Entrada
2. Ascensores
3. Exposición de coches
4. Aseos

Estructura	Arquitectos	
Hormigón armado	**Mariano Bayón Álvarez y José Luis Martín Gómez**	
Cubierta	Aparejador	
Plana	**Pedro Martín Gómez**	
Envolvente	Fecha de inicio de proyecto	Nombre actual
Chapado de plaqueta Bamuul	**1976**	**Edificio Pymar**
Estado	Propiedad actual	Dirección
En uso con alteraciones	**Gestor Rehabilitador S.L.U.**	**Av. del Cardenal Herrera Oria, 57**

FC1 003

En 1979 se produce una modificación de la empresa FASA RENAULT S.A., que consiste en una nueva redistribución interior y nuevas fachadas. Esta reforma parcial la lleva a cabo la arquitecta Sol Natividad Enríquez Portuondo, con el aparejador Tomás Ortún Gil.

El nuevo Edificio Renault alberga un concesionario y oficinas de la marca.

La nueva fachada, tras la reactualización de 1979, se compone de perfiles de aluminio anodizado en bronce con modulación de 2,40m. El alzado opaco se construye con una mezcla de resina y gravilla en color gris oscuro. Su apariencia general se muestra con tonos cobrizos.

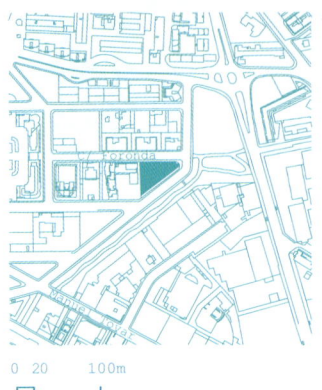

Superficie de parcela
1.498 m2

Superficie construida
6.644 m2

Edificabilidad (m2c/m2p)
4,44

Barrio
Valverde

Implantación urbana
Edificio en manzana con alineación

Número de plantas
V

Actividad original
**Centro de I+D -
Telefónica de España S.A.**

Actividad principal actual
Oficinas

0 20 100m

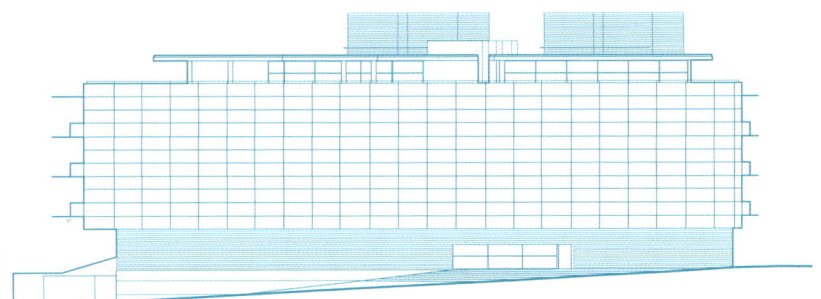

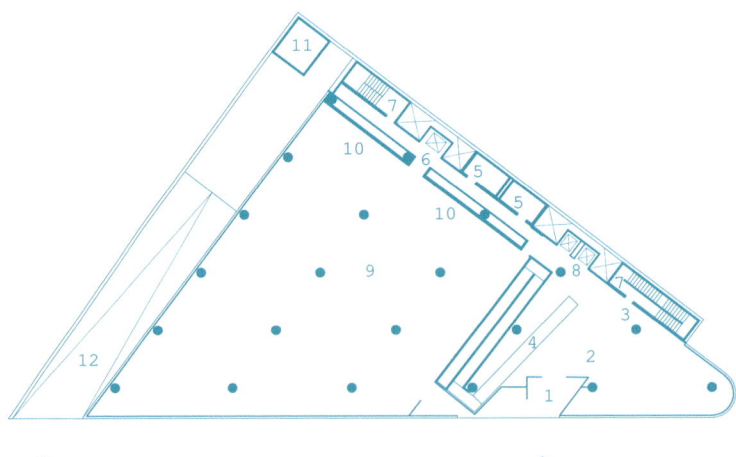

1. Entrada
2. Vestíbulo
3. Puesto de control
4. Rampa
5. Aseos
6. Montacargas
7. Escaleras
8. Ascensores
9. Área de trabajo
10. Bloque técnico
11. Equipam. técnico
12. Rampa entrada y
salida de vehículos

Alzado sureste. 1997
Planta baja. 1997
Axonometría. 2024

0 5 10m

Estructura	Arquitecto	Nombre original
Hormigón armado	**Anaya Arquitectos**	**Edificio FORUM**

Cubierta	Otros técnicos
Plana	**n.c.**

Envolvente	Fecha de inicio de proyecto
Muro cortina de aluminio y vidrio; y paneles de chapa perforada lacada	**1996**

Estado	Propiedad actual	Dirección
En uso	**Global Hispalo S.L.U.**	**C/ Foronda, 1**

FC1 004

Esta parcela triangular posee una fuerte pendiente.

El programa comprende inicialmente oficinas y almacenes independizados en cada nivel.

El proyecto recibe en 1999 una mención en la categoría de edificio industrial en los Premios de Urbanismo, Arquitectura y Obra Pública del Ayuntamiento de Madrid.

Una pastilla reúne elementos de servicio y comunicación en su fachada Norte, a la que se enganchan las plantas a modo de malla en peine.

La rampa interior vertebra las conexiones desde la planta baja a la tercera.

En 1994 y 1995 se plantea la licencia de obra bajo el nombre de edificio FORMANT. No es hasta 1996 que se formaliza el proyecto pasando a llamarse edificio FORUM.

La empresa que actualmente tiene sus oficinas en este edificio es Madrid Science Innovation District.

Los pilares circulares y las losas de forjado aligeradas con casetones cubren luces de 8,40x6,40m.

Las soluciones constructivas del proyecto fueron una muestra de investigación y experimentación con tecnologías punteras y nuevos materiales en el momento de su construcción.

El cerramiento responde a requerimientos como la longitud de onda de los rayos solares antes de que penetren al interior o la privacidad de las vistas.

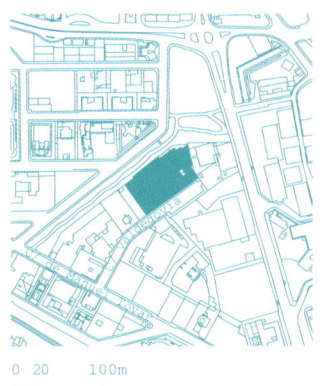

0 20   100m

Superficie de parcela
5.256 m2

Superficie construida
9.544 m2

Edificabilidad (m2c/m2p)
1,82

Barrio
Valverde

Implantación urbana
Edificio en manzana con alineación

Número de plantas
V

Actividad original
Oficinas, aulas de docencia y talleres - La Fundación de Gremios

Actividad principal actual
Oficinas

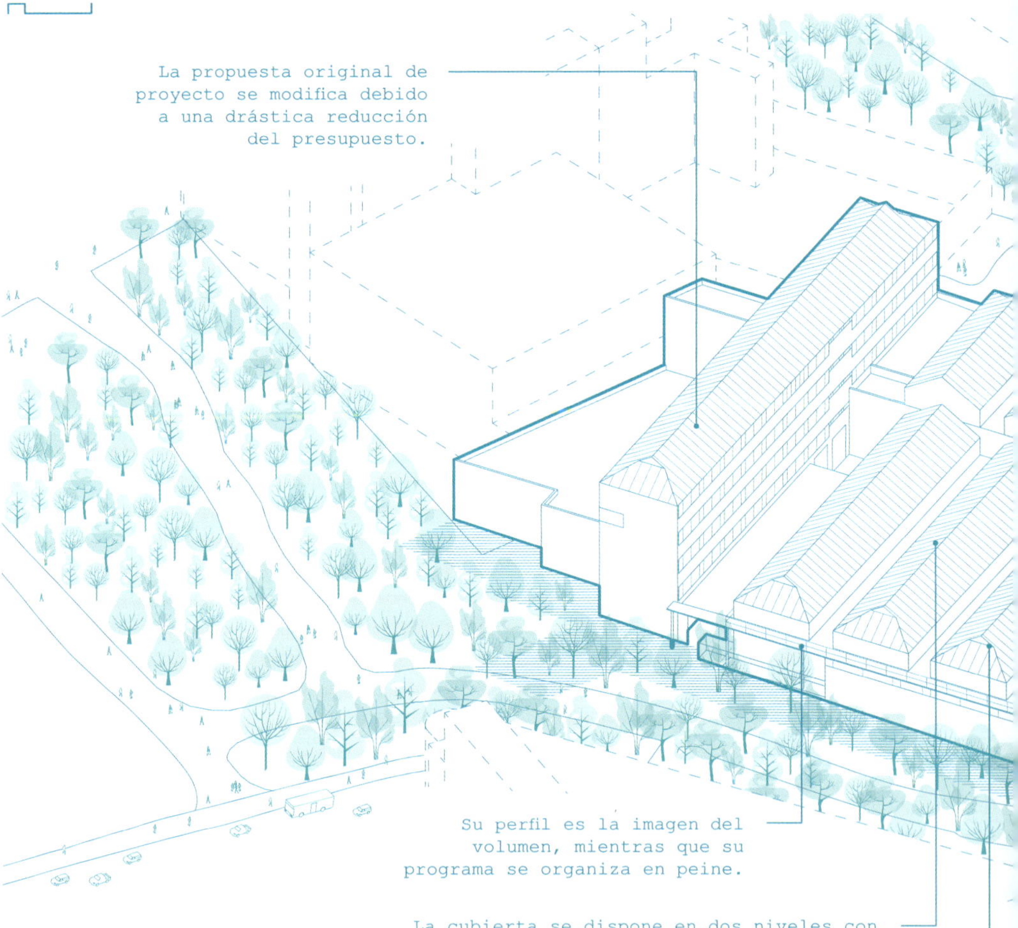

La propuesta original de proyecto se modifica debido a una drástica reducción del presupuesto.

Su perfil es la imagen del volumen, mientras que su programa se organiza en peine.

La cubierta se dispone en dos niveles con un sistema mixto de cerchas recubiertas con paneles sándwich de chapa galvanizada.

La iluminación cenital se convierte en la gran protagonista.

Axonometría. 2024

Estructura
Hormigón armado

Arquitectos
Manuel de las Casas, Ignacio de las Casas y Jaime Lorenzo Saiz-Calleja

Nombre original
Sede de la Fundación de Gremios

Cubierta
Inclinada a dos aguas y plana

Otros técnicos
n.c.

Envolvente
Fábrica de ladrillo

Fecha de inicio de proyecto
1989

Estado
En uso con alteraciones

Propiedad actual
Soluciones empresariales de gestión inmobiliaria 2007 S.L.

Dirección
C/ de Valdegovía, 9

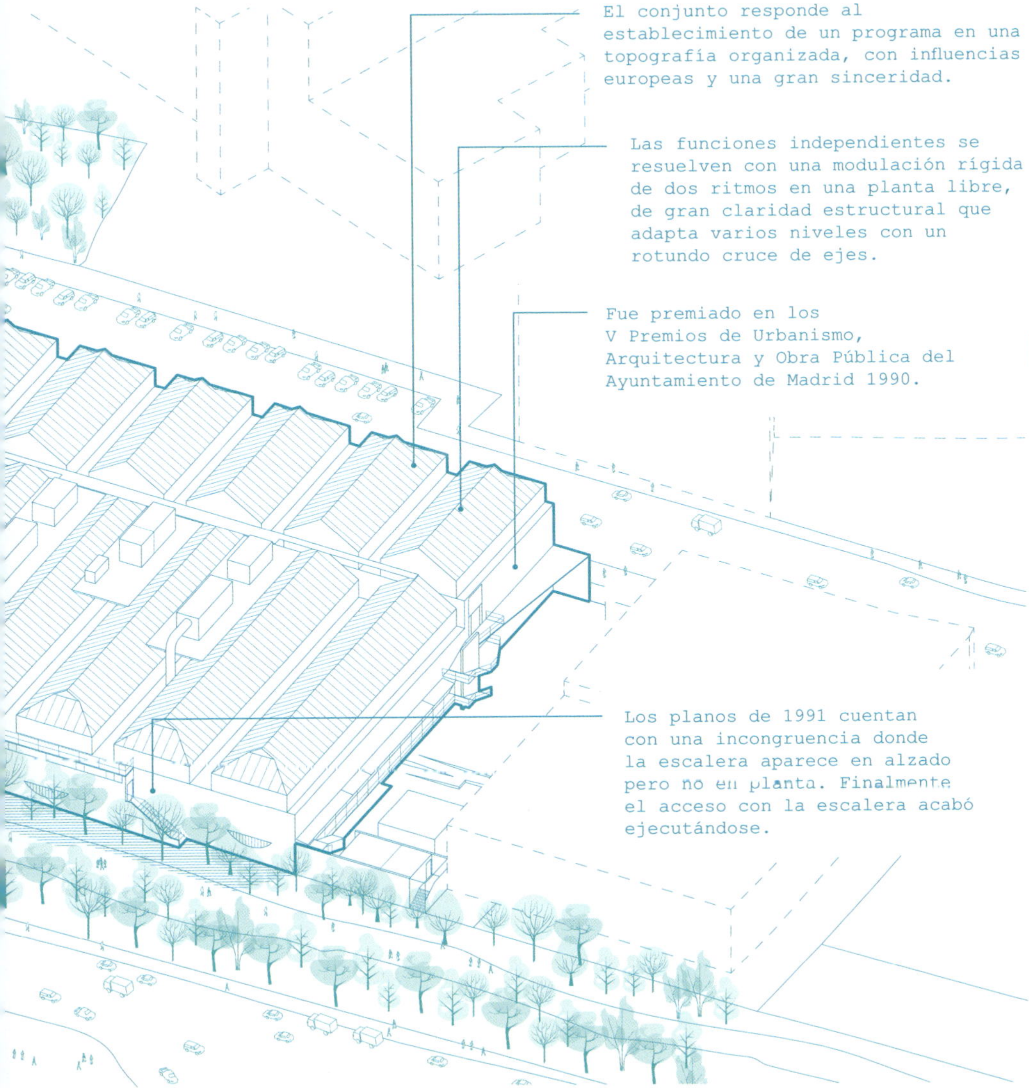

El conjunto responde al establecimiento de un programa en una topografía organizada, con influencias europeas y una gran sinceridad.

Las funciones independientes se resuelven con una modulación rígida de dos ritmos en una planta libre, de gran claridad estructural que adapta varios niveles con un rotundo cruce de ejes.

Fue premiado en los V Premios de Urbanismo, Arquitectura y Obra Pública del Ayuntamiento de Madrid 1990.

Los planos de 1991 cuentan con una incongruencia donde la escalera aparece en alzado pero no en planta. Finalmente el acceso con la escalera acabó ejecutándose.

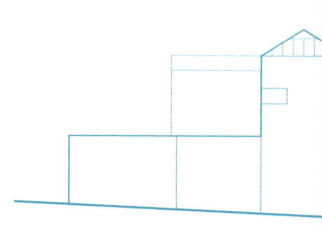

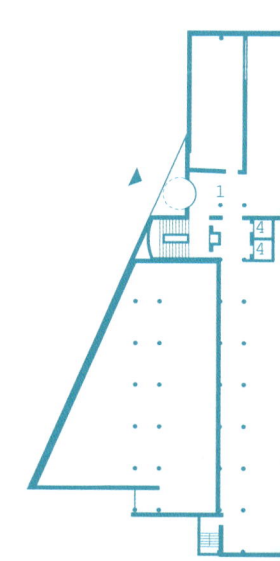

1. Entrada
2. Naves de programa administrativo y oficinas
3. Naves de talleres y escuela de formación
4. Aseos

Alzado noroeste. 1991
Planta baja. 1991

0   5   10m

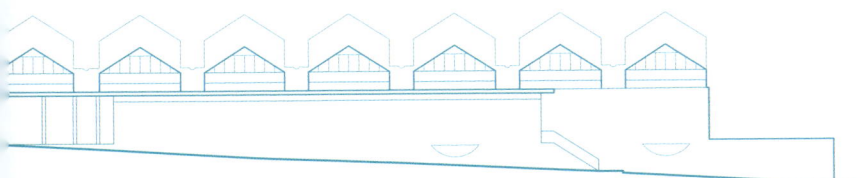

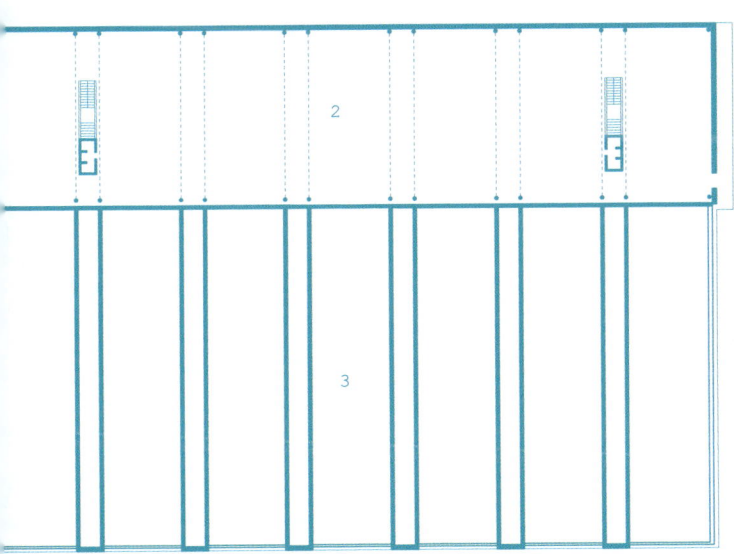

2

3

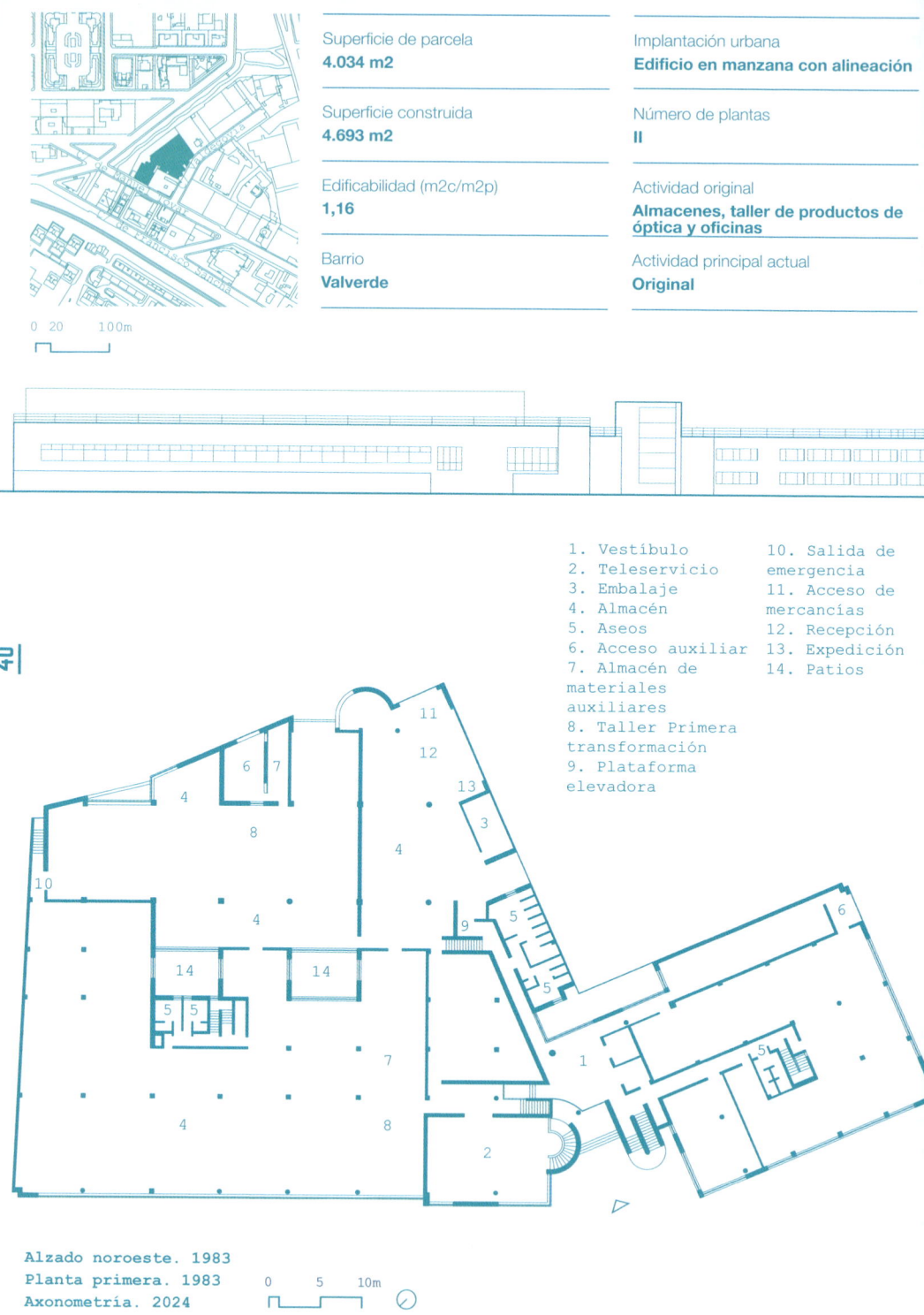

Superficie de parcela
4.034 m2

Superficie construida
4.693 m2

Edificabilidad (m2c/m2p)
1,16

Barrio
Valverde

Implantación urbana
Edificio en manzana con alineación

Número de plantas
II

Actividad original
Almacenes, taller de productos de óptica y oficinas

Actividad principal actual
Original

0 20   100m

1. Vestíbulo
2. Teleservicio
3. Embalaje
4. Almacén
5. Aseos
6. Acceso auxiliar
7. Almacén de materiales auxiliares
8. Taller Primera transformación
9. Plataforma elevadora
10. Salida de emergencia
11. Acceso de mercancías
12. Recepción
13. Expedición
14. Patios

Alzado noroeste. 1983
Planta primera. 1983
Axonometría. 2024

0   5   10m

Estructura	Arquitectos	Nombre original
Hormigón armado	**José Manuel Sanz Sanz y Juan López-Rioboó Latorre**	**Sede Óptica Essilor Madrid**

Cubierta
Plana

Arquitecto técnico
Eduardo Maldonado Secorún

Envolvente
Fábrica de ladrillo

Fecha de inicio de proyecto
1983

Estado
En uso

Propiedad original
Essilor España S.A.

Dirección
C/ de Manuel Tovar, 18

La estrategia proyectual optimiza el movimiento de tierras, resolviendo la diferencia de cota que hay entre las dos calles.

El conjunto se dispone en dos volúmenes articulados por el espacio del vestíbulo y la escalera que le aportan expresividad en fachada.

En el proyecto inicial ya se preveía una futura ampliación para almacenamiento, por lo que la cimentación y estructura estaban sobredimensionadas.

El programa de almacenes y taller se ubica en una única planta para optimizar tiempos y energía, bajo la cual se encuentra el garaje y las instalaciones.

Esta fachada tiene un carácter más secundario y en ella se encuentra el acceso de vehículos de carga y descarga.

El proyecto fue ganador del Premio de Urbanismo y Arquitectura del Ayuntamiento de Madrid 1985, por la utilización del material y por su valor de regeneración de un tejido industrial.

En el conjunto se encuentran pequeños jardines interiores junto a los vestíbulos principal y secundario que dan luz y vistas de vegetación al interior.

En este volumen se localizan las oficinas en planta primera y en planta baja los almacenes secundarios.

Superficie de parcela **827 m2**	Implantación urbana **Edificio en manzana con alineación**
Superficie construida **2.994 m2**	Número de plantas **V**
Edificabilidad (m2c/m2p) **3,62**	Actividad original **Talleres, almacenes y oficinas**
Barrio **Valverde**	Actividad principal actual **Original**

0 20   100m

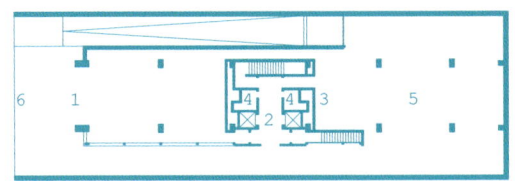

Alzado noroeste. 1994
Planta baja. 1994
Axonometría. 2024

0   5   10m

1. Entrada
2. Vestíbulo y
ascensores
3. Zonas comunes
4. Aseos
5. Locales
6. Muelle de carga y
descarga

Estructura	Arquitecto	Nombre original
Hormigón armado y metálica	**E. Bardají & Asociados Arquitectos**	**Oficinas Manuel Tovar 25**

Cubierta
Plana

Otros técnicos
n.c.

Envolvente
Fábrica de ladrillo y chapa ondulada

Fecha de inicio de proyecto
1994

Nombre actual
Edificio Manuel Tovar 25

Estado
En uso

Propiedad actual
Varios

Dirección
C/ de Manuel Tovar, 25

FC1 007

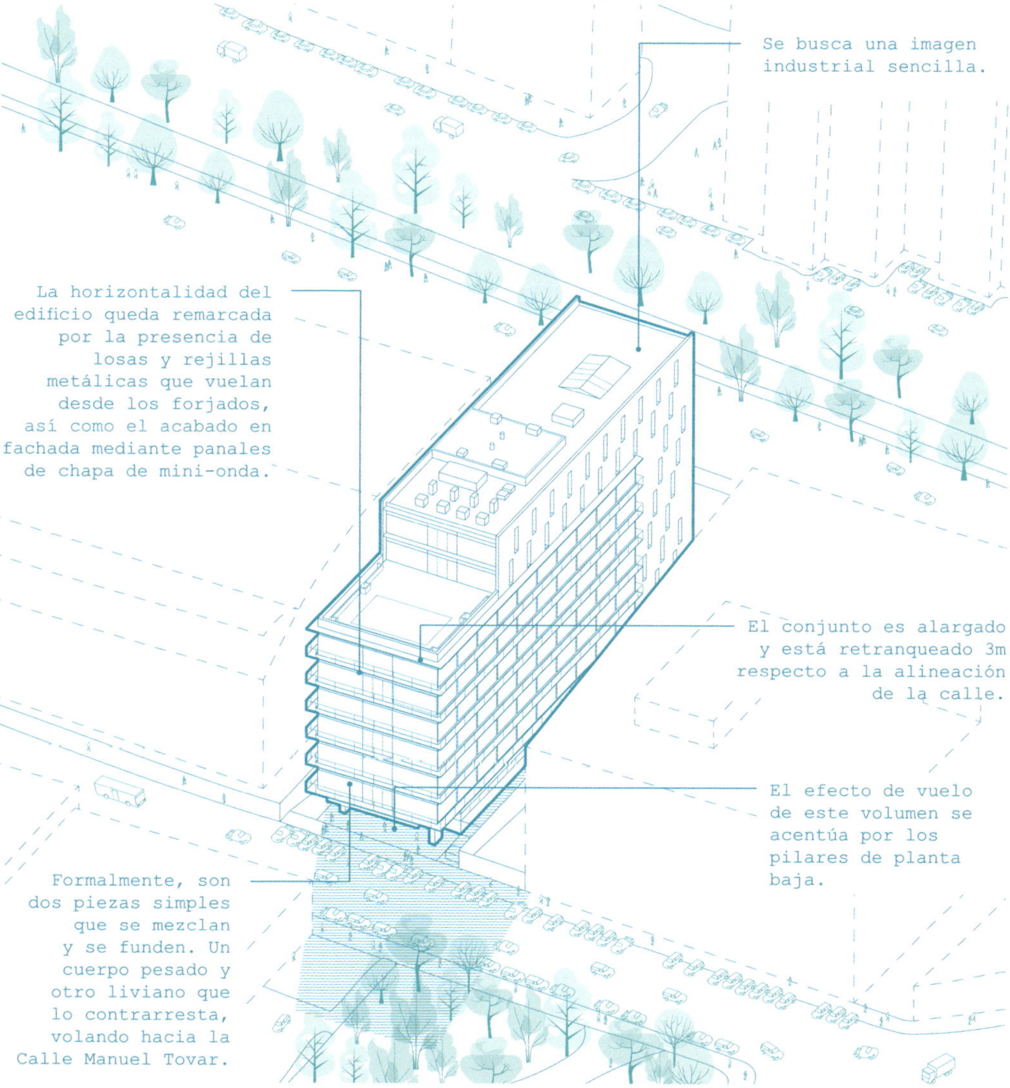

Se busca una imagen industrial sencilla.

La horizontalidad del edificio queda remarcada por la presencia de losas y rejillas metálicas que vuelan desde los forjados, así como el acabado en fachada mediante panales de chapa de mini-onda.

El conjunto es alargado y está retranqueado 3m respecto a la alineación de la calle.

El efecto de vuelo de este volumen se acentúa por los pilares de planta baja.

Formalmente, son dos piezas simples que se mezclan y se funden. Un cuerpo pesado y otro liviano que lo contrarresta, volando hacia la Calle Manuel Tovar.

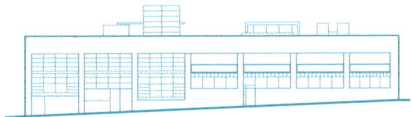

Superficie de parcela	Implantación urbana
1.146 m2	**Edificio en manzana con alineación**
Superficie construida	Número de plantas
2.721 m2	**II**
Edificabilidad (m2c/m2p)	Actividad original
2,37	**Oficinas y almacén de calzado - GELTRA S.A.**
Barrio	Actividad principal actual
Valverde	**Oficinas**

0 20   100m

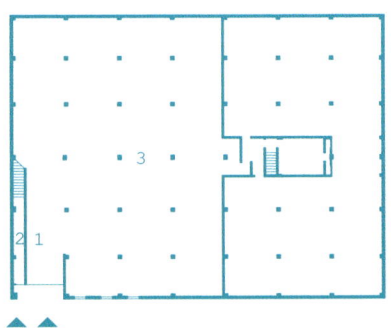

Alzado suroeste. 1981
Planta baja. 1981
Axonometría. 2024

0   5   10m

1. Entrada coches
2. Entrada peatonal
3. Aparcamiento

Estructura	Arquitecto	Nombre original
Metálica de perfiles de acero	**Astasio y Ruiz-Rivas Arquitectos**	**Edificio de GELTRA**
Cubierta	Arquitecto técnico	
Plana	**Antonio Luis Petisco Aguado**	
Envolvente	Fecha de inicio de proyecto	
Fábrica de ladrillo	**1981**	
Estado	Propiedad actual	Dirección
En uso	**GELTRA S.A. y TASVALOR S.L.**	**C/ de Manuel Tovar, 16**

FC1 008

45

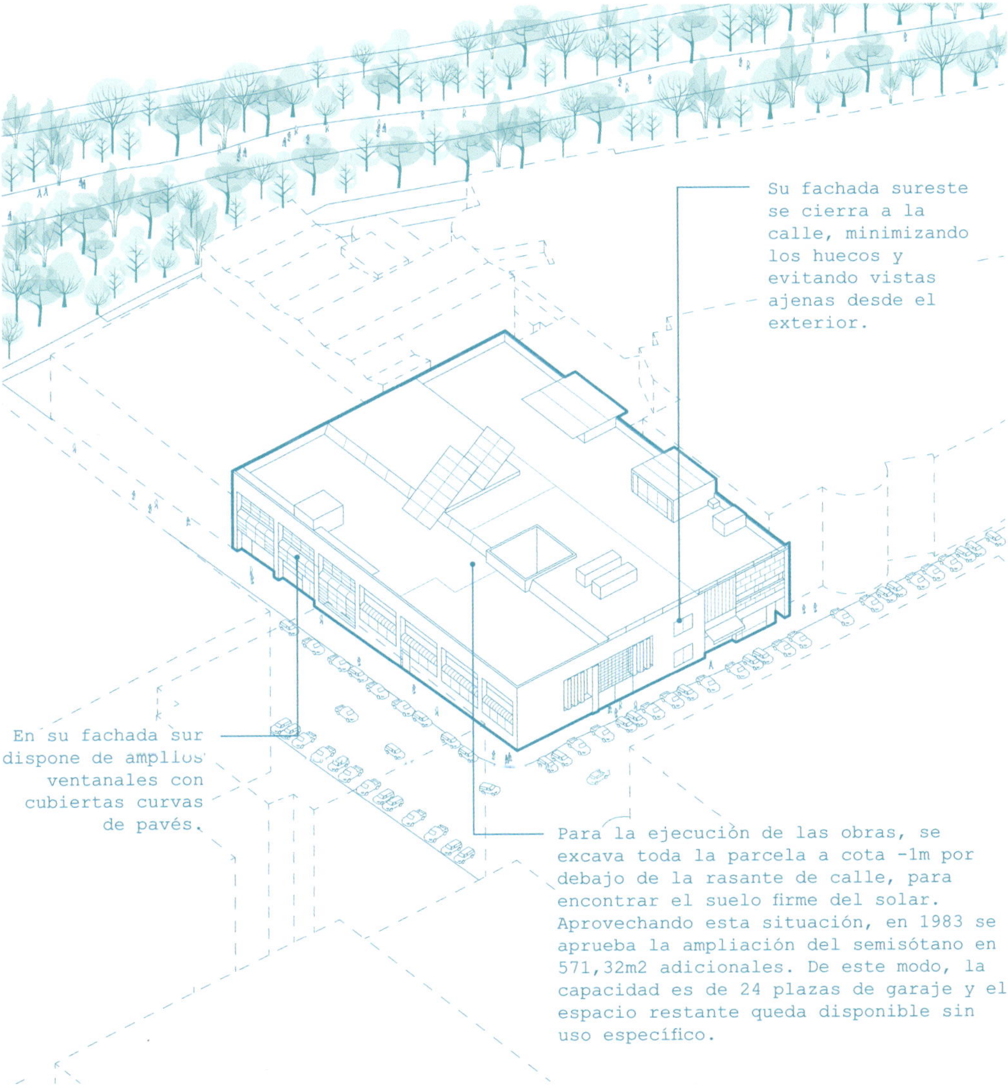

Su fachada sureste
se cierra a la
calle, minimizando
los huecos y
evitando vistas
ajenas desde el
exterior.

En su fachada sur
dispone de amplios
ventanales con
cubiertas curvas
de pavés.

Para la ejecución de las obras, se
excava toda la parcela a cota -1m por
debajo de la rasante de calle, para
encontrar el suelo firme del solar.
Aprovechando esta situación, en 1983 se
aprueba la ampliación del semisótano en
571,32m2 adicionales. De este modo, la
capacidad es de 24 plazas de garaje y el
espacio restante queda disponible sin
uso específico.

0 20 100m

Superficie de parcela
746 m2

Superficie construida
2.270 m2

Edificabilidad (m2c/m2p)
3,04

Barrio
Valverde

Implantación urbana
Edificio en manzana con alineación

Número de plantas
III

Actividad original
Oficinas y almacén de plásticos - IRPEN S.A.

Actividad principal actual
Almacén de productos ópticos

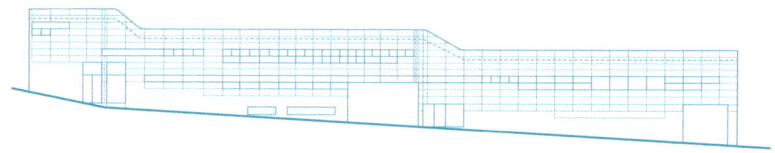

1. Vestíbulo
2. Control
3. Almacén
4. Muelle de carga
y descarga
5. Aseos
6. Oficinas
7. Control
8. Rampa acceso sótano

Alzado noreste. 1977
Planta baja. 1977
Axonometría. 2024

0   5   10m

Estructura	Arquitectos	Nombre original
Hormigón armado	**Mariano Bayón Álvarez y José Luis Martín Gómez**	**Edificio de almacenamiento de materiales plásticos IRPEN**

Cubierta	Arquitecto técnico	
Plana	**Franscisco J. Escobar Pérez**	

Envolvente	Fecha de inicio de proyecto	Nombre actual
Chapa ondulada horizontal con franjas translúcidas de metacrilato	**1977**	**VISIONLAB**

Estado	Propiedad actual	Dirección
En uso con ampliaciones	**Barclays Bank S.A.**	**C/ de Manuel Tovar, 17**

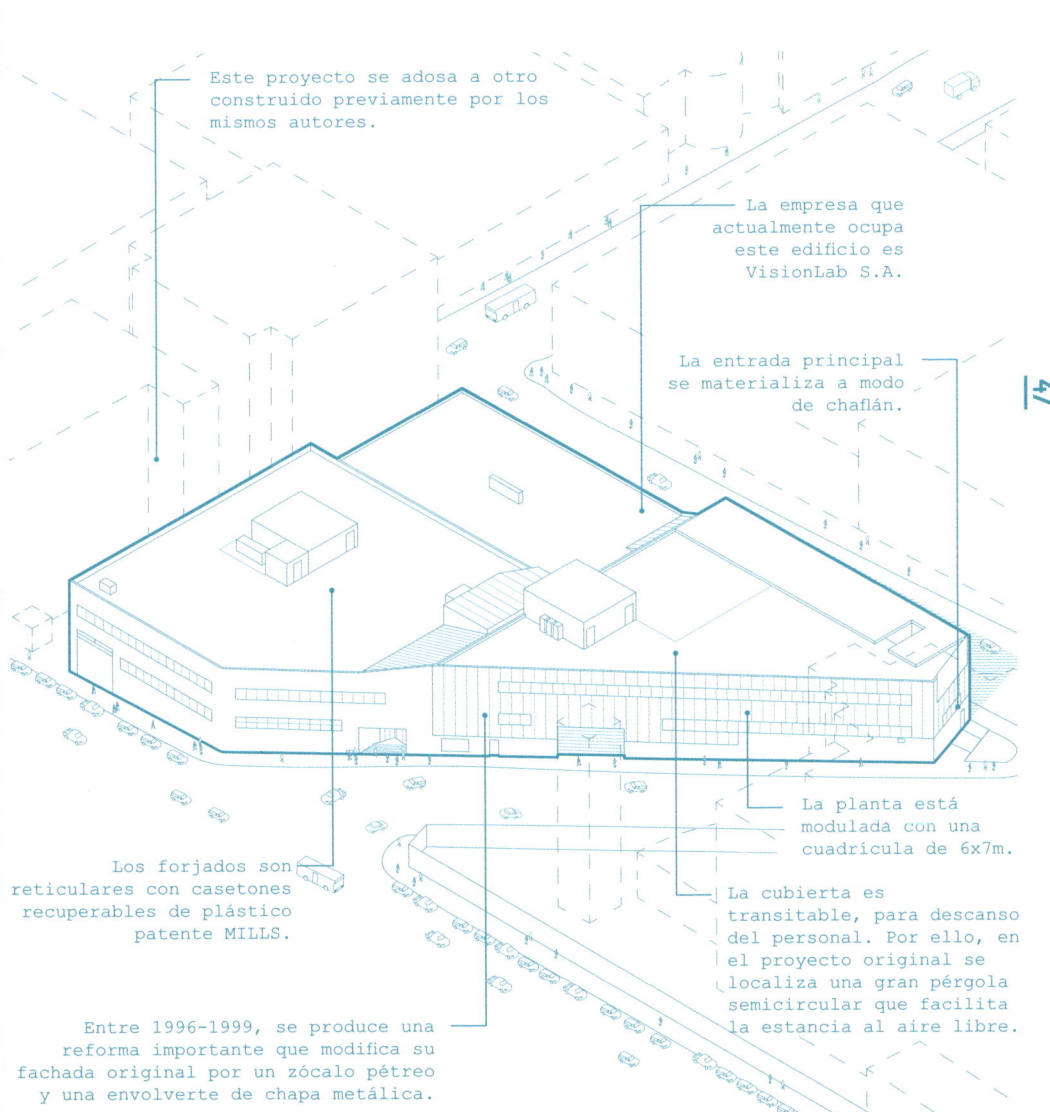

Este proyecto se adosa a otro construido previamente por los mismos autores.

La empresa que actualmente ocupa este edificio es VisionLab S.A.

La entrada principal se materializa a modo de chaflán.

La planta está modulada con una cuadrícula de 6x7m.

Los forjados son reticulares con casetones recuperables de plástico patente MILLS.

La cubierta es transitable, para descanso del personal. Por ello, en el proyecto original se localiza una gran pérgola semicircular que facilita la estancia al aire libre.

Entre 1996-1999, se produce una reforma importante que modifica su fachada original por un zócalo pétreo y una envolverte de chapa metálica.

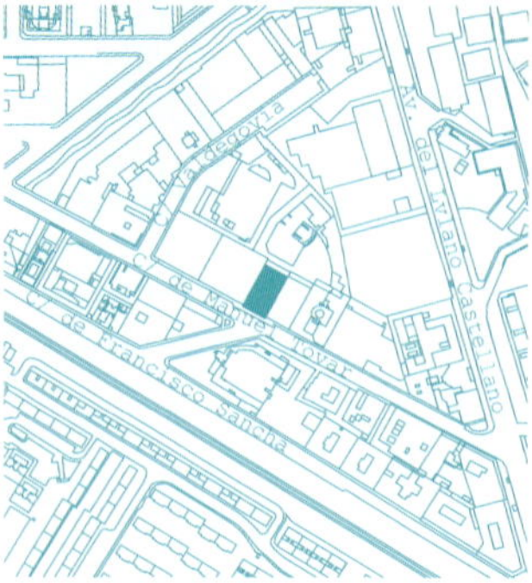

Superficie de parcela
814 m2

Superficie construida
3.503 m2

Edificabilidad (m2c/m2p)
4,30

Barrio
Valverde

Implantación urbana
Edificio en manzana con alineación

Número de plantas
V

Actividad original
Almacenes, oficinas y transformación de productos de cosméticas y pelucas - Monna Lisa S.A.

Actividad principal actual
Almacenes y oficinas

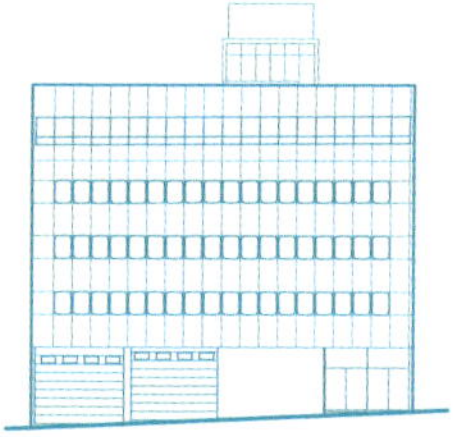

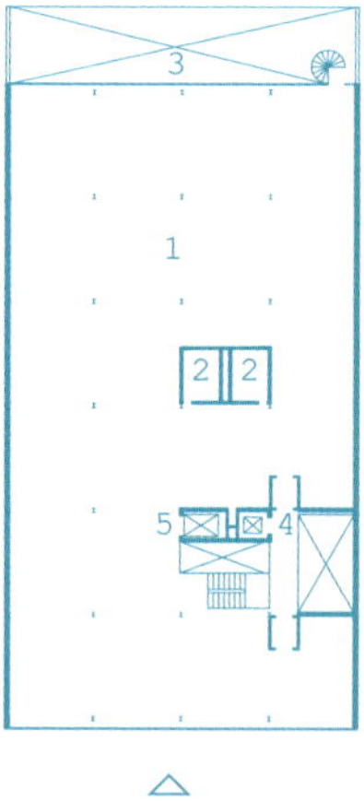

Alzado suroeste. 1971
Planta tipo. 1971
Axonometría. 2024

0 5 10m

1. Almacenes
2. Aseos
3. Patio
4. Ascensor
5. Montacargas

Estructura	Arquitectos	Nombre original
Metálica	**Mariano Bayón Álvarez y José Luis Martín Gómez**	**Almacenes y oficinas Monna Lisa**

FC1 010

Cubierta	Otros técnicos
Plana	**n.c.**

Envolvente	Fecha de inicio de proyecto	Nombre actual
Panel de chapa metálica	**1971**	**Muebles de oficina San José**

Estado	Propiedad actual	Dirección
En uso	**San José locales reunidos S.L.**	**C/ de Manuel Tovar, 10**

Originalmente, la mayor parte del proyecto se destinaba a almacenamiento de materias primas y materias elaboradas, reservándose una parte de la superficie para fines administrativos.

El proyecto inicial recoge almacén de materias primas en semisótano; carga y descarga de materias primas y elaboradas, además de aparcamiento, en planta baja; almacén en plantas primera y segunda; sala de manipulados anexa al almacén en planta tercera; y oficinas, representación, salón de actos y local de exposición en ático.

Sufre reformas menores de distribución interior entre 1996 y 1999 por un cambio de propietario.

El ático retranquea su frente mediante una fachada inclinada que aporta continuidad a la piel exterior.

En su planta baja se encuentra la Empresa Muebles de Oficina San José.

Su división horizontal recoge 7 propiedades en la actualidad.

Superficie de parcela
2.502 m2

Superficie construida
2.433 m2

Edificabilidad (m2c/m2p)
0,97

Barrio
Valverde

Implantación urbana
Edificio en manzana con alineación

Número de plantas
II

Actividad original
Telecomunicaciones

Actividad principal actual
Original

0 20   100m

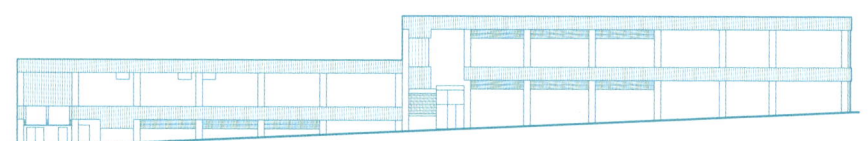

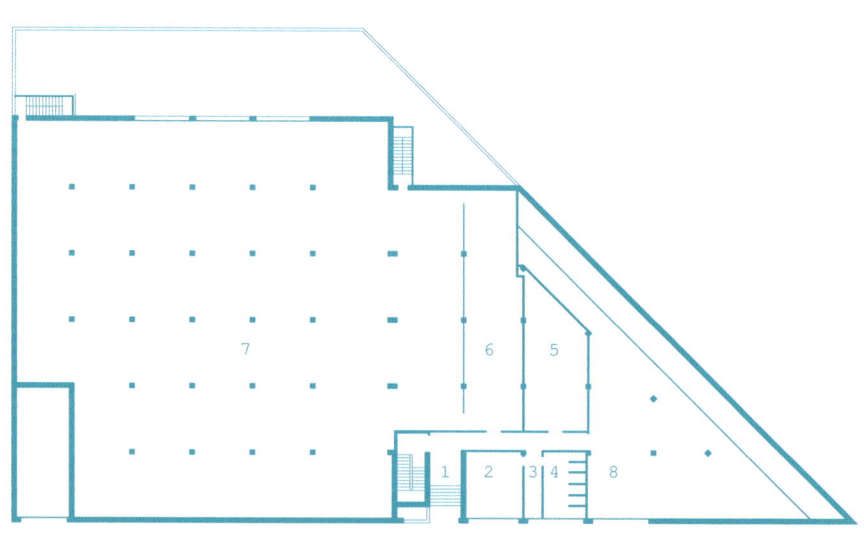

Alzado suroeste. 1975
Planta baja. 1975
Axonometría. 2024

0   5   10m

1. Entrada
2. Ropero
3. Limpieza
4. Aseo
5. Transmisión
urbana
6. Sala de control
7. Sala de equipos
8. Sala de repartidor

Estructura
Hormigón armado

Cubierta
Plana

Envolvente
Hormigón con ranurado vertical y ladrillo visto

Estado
En uso

Arquitecto
Jaime López-Amor Herrero

Aparejador
F. López

Fecha de inicio de proyecto
1974

Propiedad original
Telefónica de España S.A.

Nombre original
Central de Telefónica Madrid-Java

Dirección
C/ de Manuel Tovar, 4

FC1 011

La parcela constaba de dos servidumbres por tendidos telefónicos y de alta tensión, que fueron eliminados antes de comenzar la obra.

La central se puso en marcha en 1979 y tenía capacidad para 60.000 líneas RAF.

El alzado posterior se genera con ladrillo visto en contraposición al principal que es de hormigón visto. Ambas fachadas se consideran dos entes independientes, con un tratamiento distinto mediante su composición y textura.

El programa requería de alturas libres de 4m.

La pendiente de la fachada principal es de un 7%, lo que permite escalonar la edificación.

El hormigón visto de la fachada principal se encofró con chapa metálica galvanizada acanalada.

El proyecto consta de tres niveles que albergan sala de baterías, sala de fuerza, sala de grupos electrógenos, estación transformadora y espacio disponible en el semisótano; varias salas en planta baja; y almacén en planta primera.

Este arquitecto fue invitado por Damián Galmés, antiguo profesor suyo en la ETSAM, a realizar las primeras propuestas para la empresa. Desarrolló más de 50 proyectos de nueva planta, reforma y ampliación para la empresa durante 40 años, concentrándose su mayor actividad en la década de los años 70.

Superficie de parcela	Implantación urbana
2.100 m2	**Edificio en manzana con alineación**
Superficie construida	Número de plantas
12.428 m2	**VII**
Edificabilidad (m2c/m2p)	Actividad original
5,92	**Almacenes - Varios**
Barrio	Actividad principal actual
Valverde	**Oficinas y aulas**

0 20 100m

Alzado noreste. 1967
Planta tercera. 1967
Axonometría. 2024

0   5   10m

1. Escaleras
2. Montacargas
3. Ascensores
4. Patios

Estructura
Metálica

Arquitecto
Alberto Martín-Artajo

Cubierta
Plana

Ingeniero industrial
Ángel López-Linares García

Envolvente
Hormigón prefabricado

Fecha de inicio de proyecto
1967

Estado
En uso

Propiedad actual
Varios

Dirección
Av. del Llano Castellano, 15

FC1 012

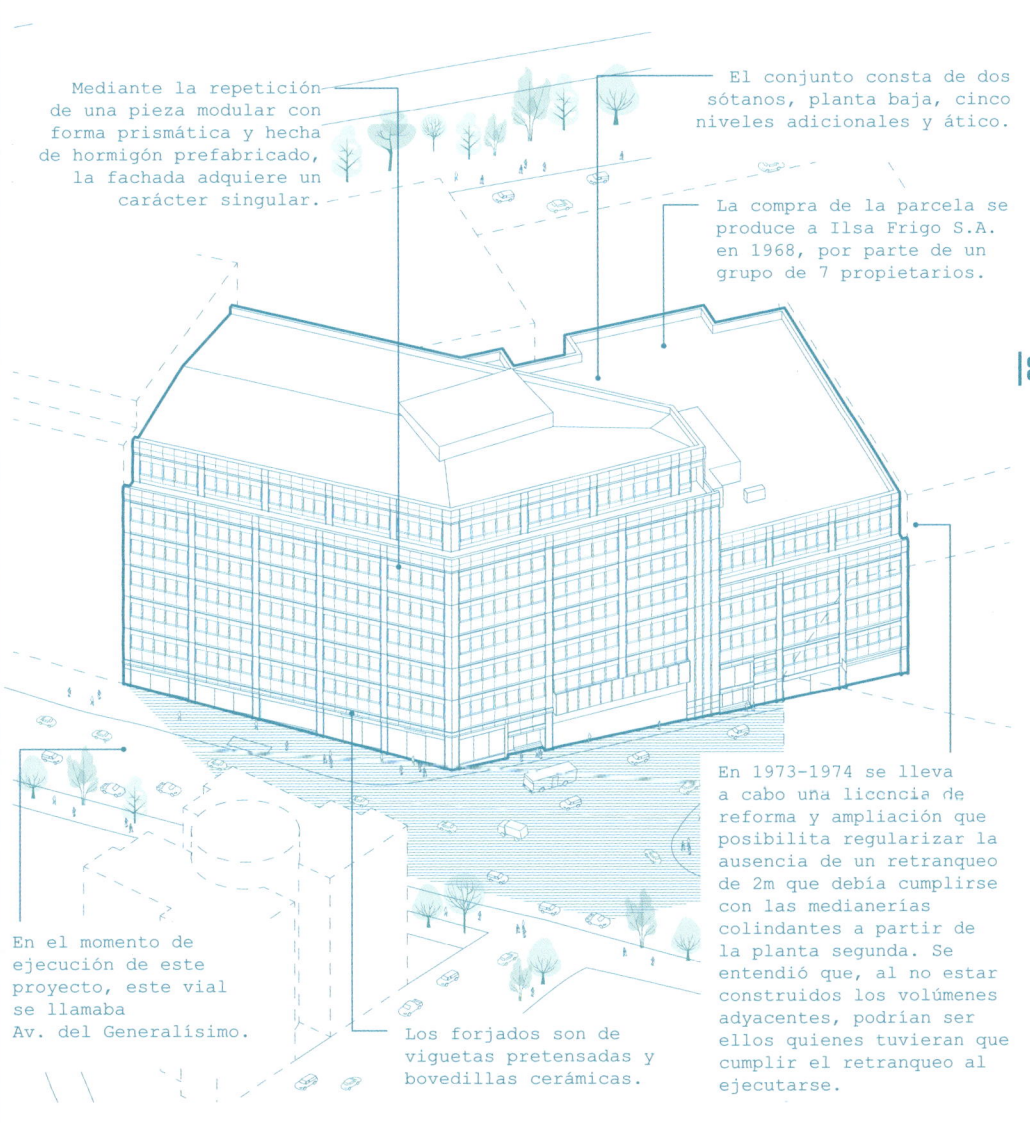

Mediante la repetición de una pieza modular con forma prismática y hecha de hormigón prefabricado, la fachada adquiere un carácter singular.

El conjunto consta de dos sótanos, planta baja, cinco niveles adicionales y ático.

La compra de la parcela se produce a Ilsa Frigo S.A. en 1968, por parte de un grupo de 7 propietarios.

En 1973-1974 se lleva a cabo una licencia de reforma y ampliación que posibilita regularizar la ausencia de un retranqueo de 2m que debía cumplirse con las medianerías colindantes a partir de la planta segunda. Se entendió que, al no estar construidos los volúmenes adyacentes, podrían ser ellos quienes tuvieran que cumplir el retranqueo al ejecutarse.

En el momento de ejecución de este proyecto, este vial se llamaba Av. del Generalísimo.

Los forjados son de viguetas pretensadas y bovedillas cerámicas.

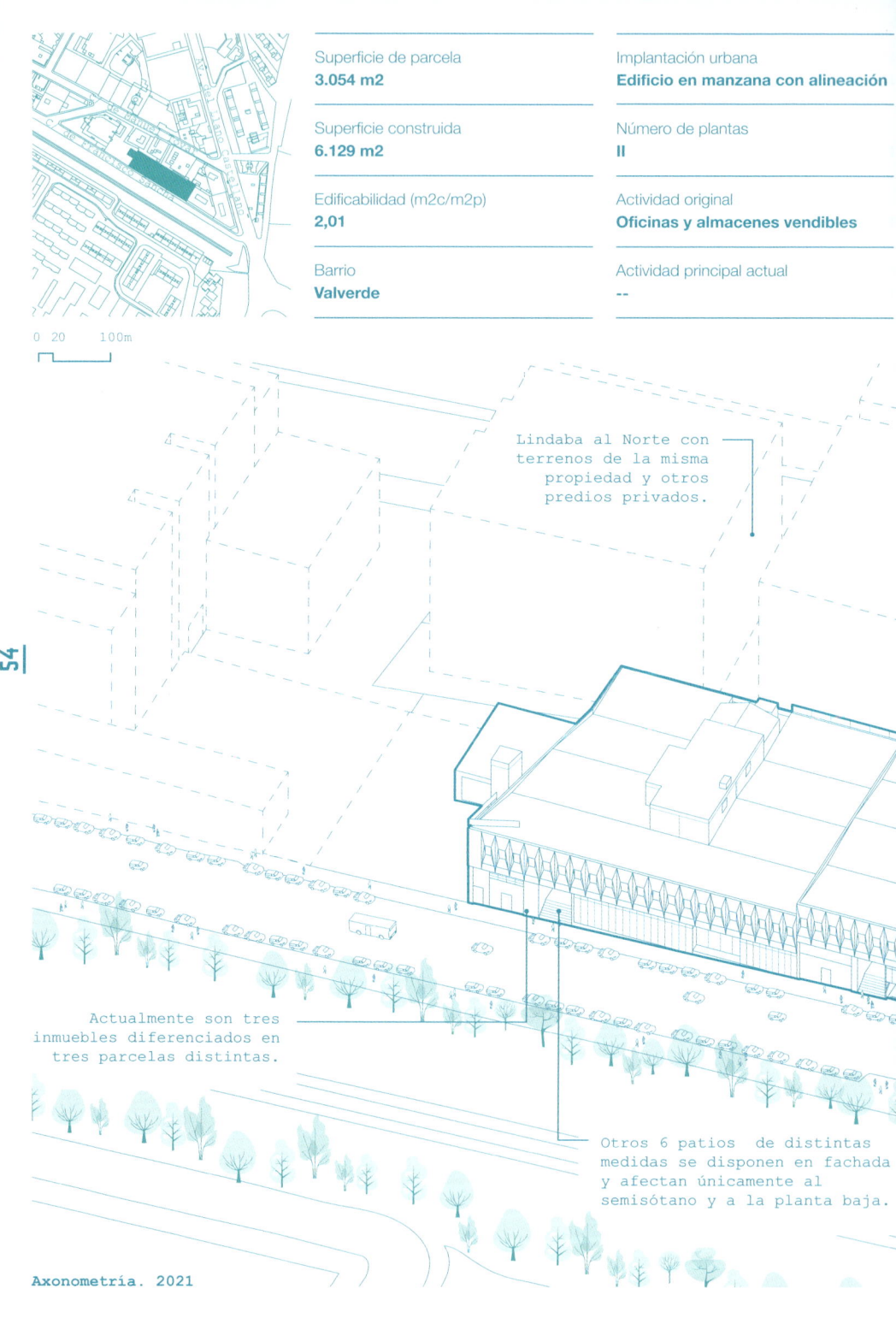

Superficie de parcela	Implantación urbana
3.054 m2	**Edificio en manzana con alineación**
Superficie construida	Número de plantas
6.129 m2	**II**
Edificabilidad (m2c/m2p)	Actividad original
2,01	**Oficinas y almacenes vendibles**
Barrio	Actividad principal actual
Valverde	**--**

0 20   100m

Lindaba al Norte con
terrenos de la misma
propiedad y otros
predios privados.

Actualmente son tres
inmuebles diferenciados en
tres parcelas distintas.

Otros 6 patios de distintas
medidas se disponen en fachada
y afectan únicamente al
semisótano y a la planta baja.

Axonometría. 2021

Estructura
Hormigón armado

Arquitectos
**Alberto Martín-Artajo y
Jaime Martín-Artajo**

Cubierta
Plana

Aparejador
José María Rodríguez Viñe

Envolvente
Plancha Lesaca y fábrica de ladrillo

Fecha de inicio de proyecto
1975

Estado
Demolido parcialmente (2022)

Propiedad original
--

Dirección
C/ de Francisco Sancha, 6-8-10

Se plantea un aprovechamiento máximo de
la parcela con una línea constructiva
tradicional. A través de la repetición en
fachada de un elemento estético destacable,
la edificación adquiere un carácter singular.

La planta se divide en
tres oficinas, cada una
cuenta con portal y
núcleo de comunicaciones
independiente.

Hay 2 patios sobre
su medianera Norte
en situación de
mancomunidad, que se
localizan sobre la
cubierta del sótano.

En 2022, los números 6
y 10 son demolidos para
construir al año siguiente
dos edificios que se
conocen bajo el nombre de
"Residencia universitaria
micampus Sancha 6" y
"Residencia universitaria
micampus Sancha 10"
y están destinados a
alojamiento temporal.

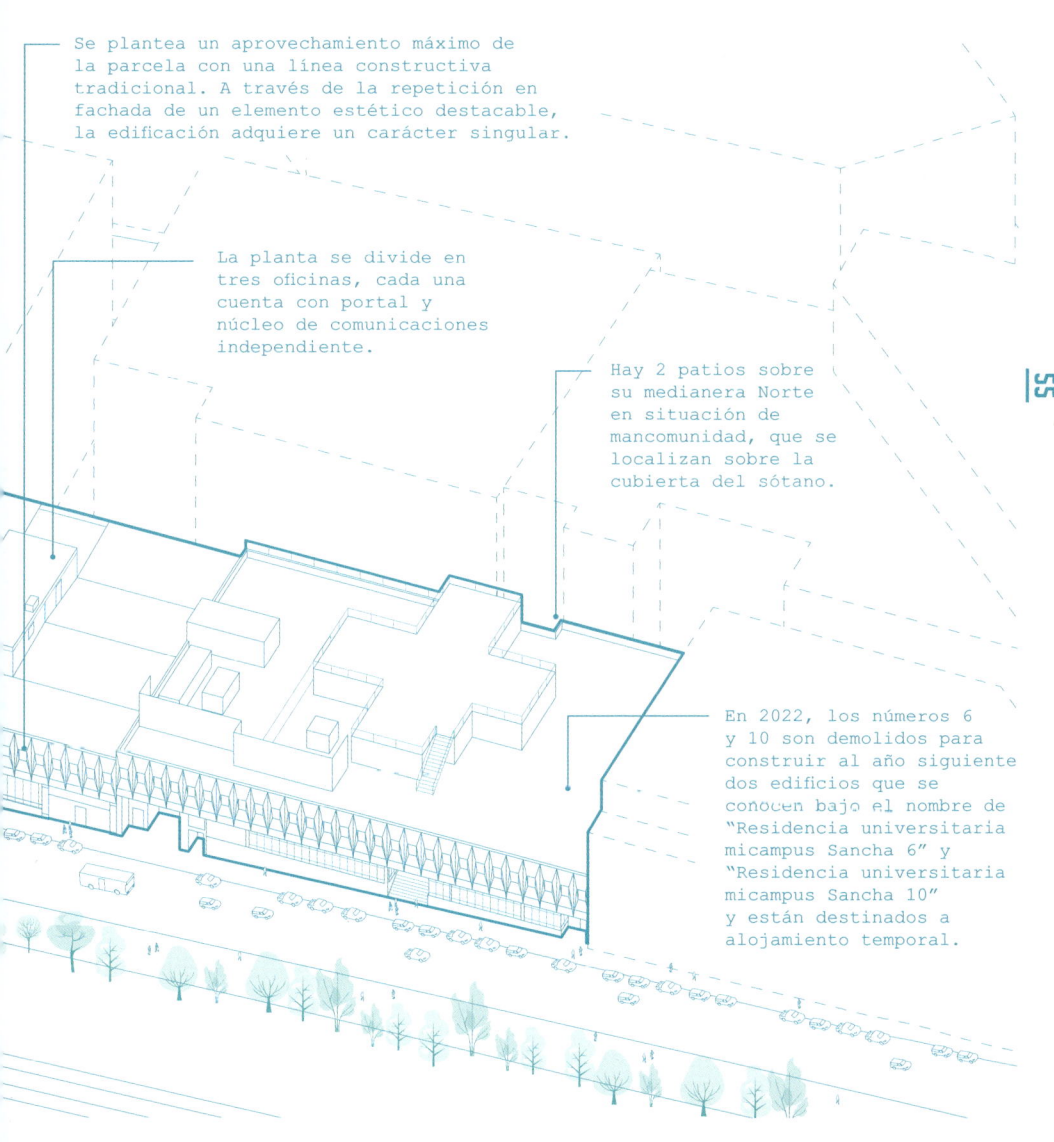

1. Entrada peatonal
2. Almacenes
3. Zaguán
4. Aseos
5. Patio
6. Patio mancomunado

Alzado suroeste. 1976
Planta baja. 1976

0   5   10m

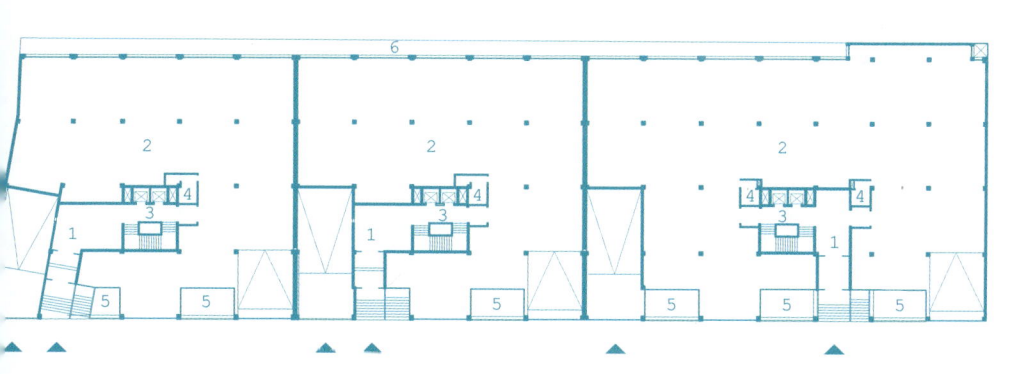

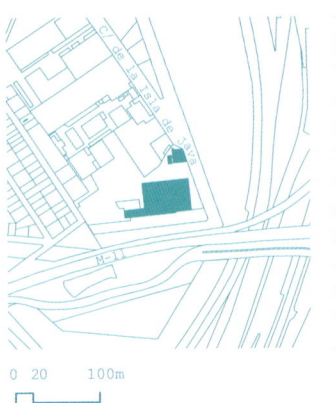

Superficie de parcela
14.337 m2

Superficie construida
7.863 m2

Edificabilidad (m2c/m2p)
0,55

Barrio
Valverde

Implantación urbana
Edificio exento en complejo fabril

Número de plantas
V

Actividad original
Fabricación, almaces, laboratorios y oficinas - Laboratorios Profidén S.A.

Actividad principal actual
--

0 20   100m

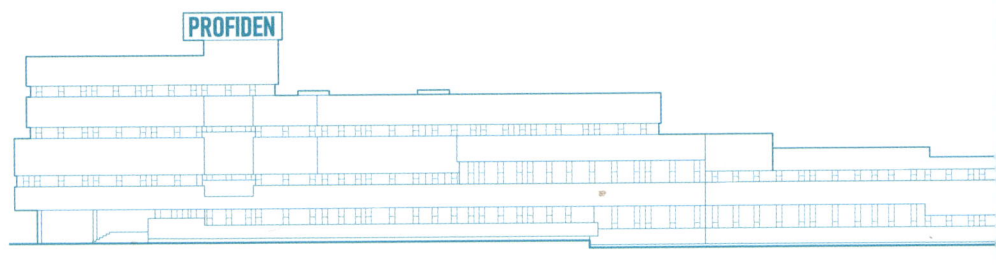

1. Entrada operarios
2. Almacén materia prima
3. Almacén producto elaborado
4. Preparación de envíos
5. Oficio
6. Cocina
7. Economato
8. Oficina
9. Muelle de carga y descarga
10. Maquinaria
11. Aseos
12. Instalaciones generales
13. Casa del guarda

Alzado sureste. 1963
Planta baja. 1963
Axonometría. 2024

0   5   10m

Estructura	Arquitectos	Nombre original
Hormigón armado	**Ramón Vázquez Molezún y José Antonio Corrales Gutiérrez**	**Laboratorios Profidén**

Cubierta	Otros técnicos	
Plana	**n.c.**	

Envolvente	Fecha de inicio de proyecto	Nombre actual
Fábrica de ladrillo	**1962**	**Edificio Castellana-Wagen**

Estado	Propiedad actual	Dirección
Disponible	**Edificio Isla de Java 1 S.A.**	**C/ de la Isla de Java, 1**

FC1 014

Se proyecta un conjunto de aspecto publicitario, de corte neoclásico, con volúmenes escalonados y con ventanas corridas protegidas por el voladizo superior.

El PGOUM 97 catalogó el edificio con protección estructural, y entre 1997 y 2000 se llevaron a cabo las obras de adaptación como concesionario de automóviles Castellana-Wagen, con un programa de exposición de autos, talleres , preentregas y otros.

Recogido en el DoCoMoMo* con categoría nivel A.

La modulación estructural es de 5x6m en las zonas de almacenes y oficinas y de 5x12m en la nave de fabricación.

Existe una estrecha relación entre la planta baja y la primera, para reducir los desplazamientos de materiales en el desarrollo diario.

La fabricación general se situaba en cota +14,93m, repartida en tres naves separadas por mamparas y relacionadas por una galería de circulación.

59

Desde 2022 está sin uso. La operación Madrid Nuevo Norte lo ha salvaguardado, integrándolo en su ordenación como uso terciario.

No posee vistas desde la autopista (actual M-30 y M-11), debido al talud ajardinado que se produce al separar el volumen 50m del eje del viario.

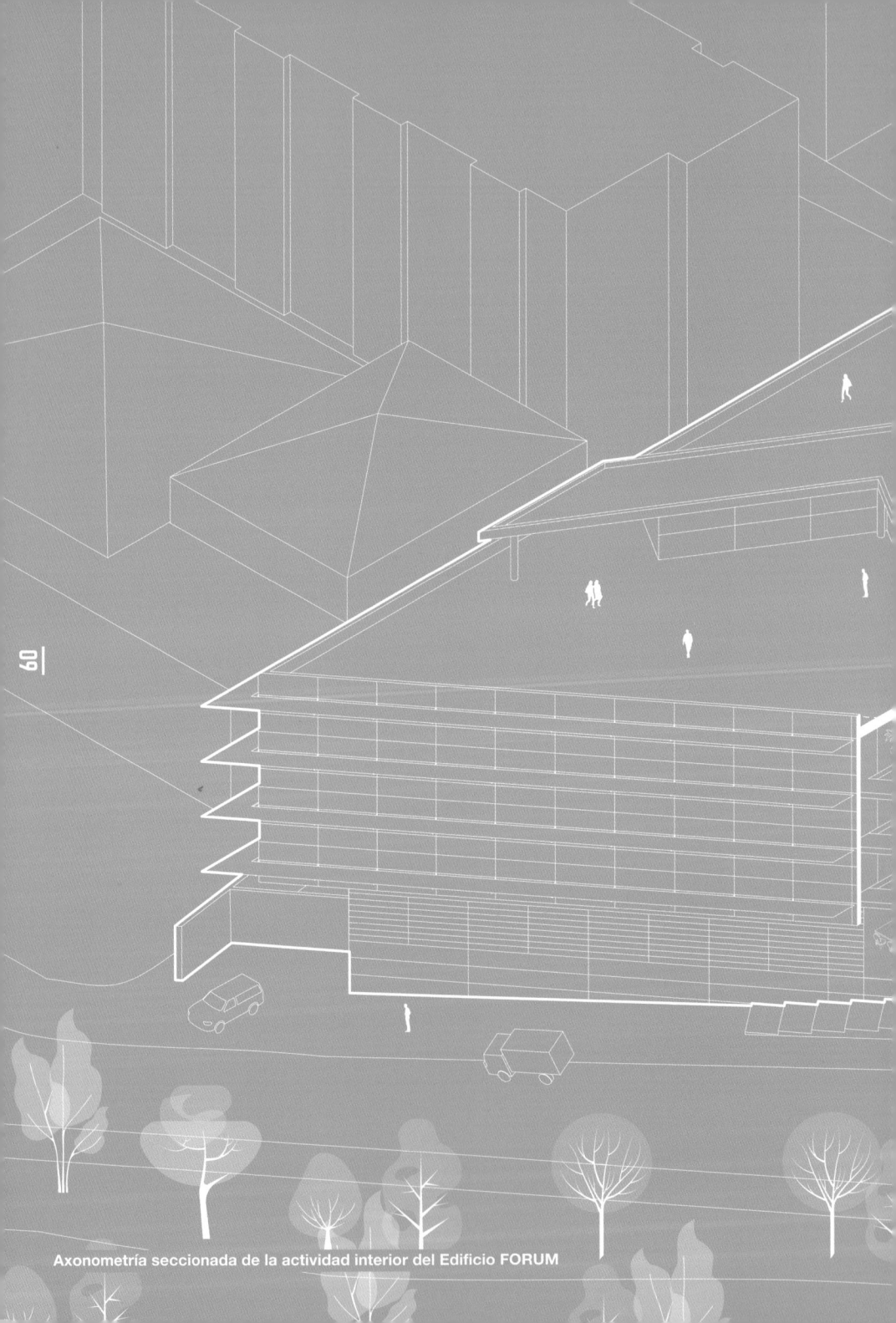

Axonometría seccionada de la actividad interior del Edificio FORUM

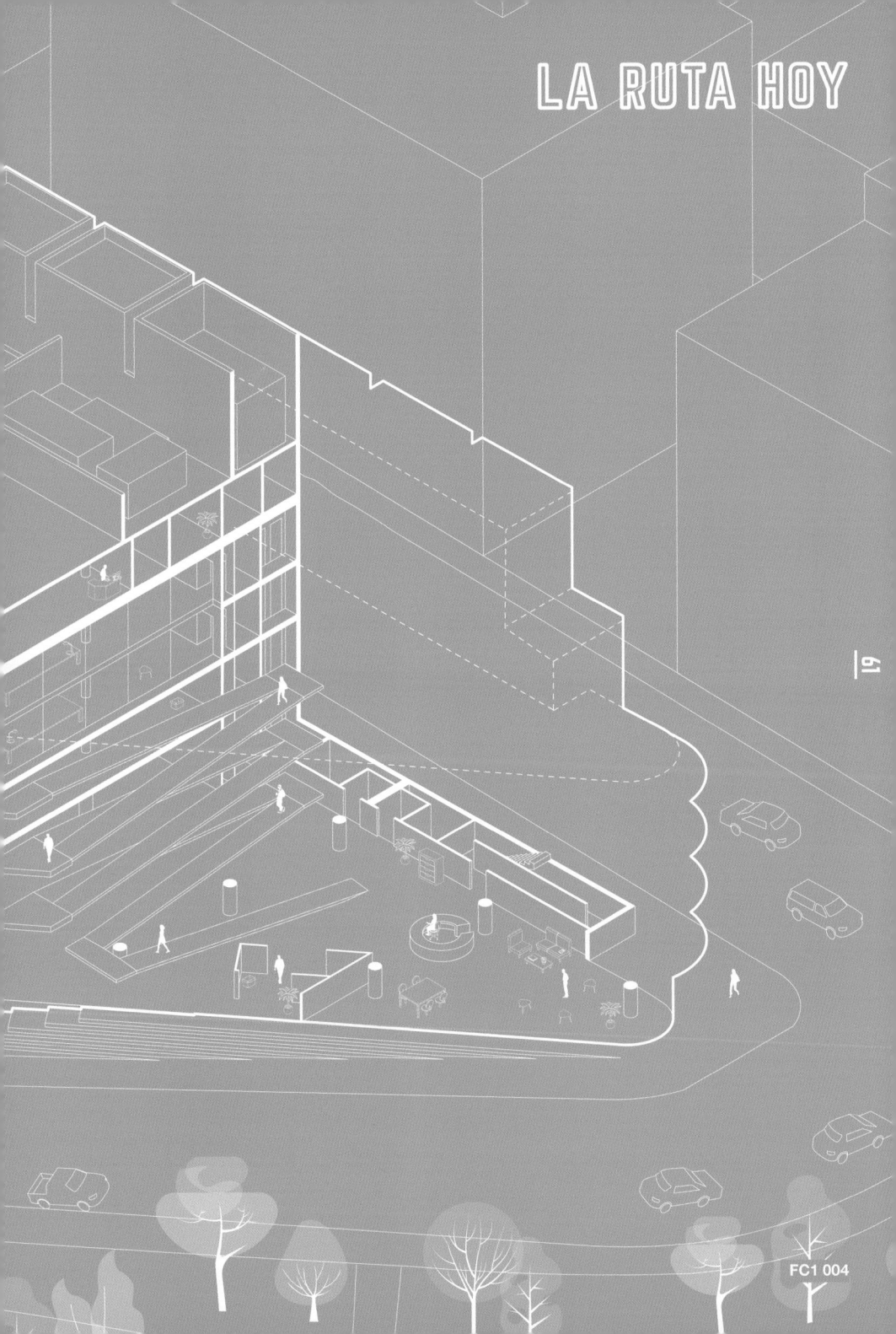

Fig. 13 | FC1 001_Central Lechera CLESA

Fig. 14 | FC1 001_Central Lechera CLESA

Fig. 15 | FC1 002_ Av. del Cardenal Herrera Oria, 63

Fig. 16 | FC1 001_Central Lechera CLESA

Fig. 17 | FC1 003_Edificio Pymar

Fig. 18 | FC1 005_ Sede de la Fund. de Gremios

Fig. 19 | FC1 006_Sede Óptica Essilor Madrid

Fig. 20 | FC1 007_Oficinas Manuel Tovar 25

Fig. 21 | FC1 010_Almacenes y oficinas Monna

Fig. 22 | FC1 012_Av. del Llano Castellano, 15

Fig. 23 | FC1 012_Av. del Llano Castellano, 15

Fig. 24 | FC1 013_C/ de Francisco Sancha, 6-8-10

Fig. 25 | FC1 014_Laboratorios Profidén

APUNTES METODOLÓGICOS

Sálvora Feliz y Juan Tur

Esta publicación es, ante todo, de divulgación y tiene una firme intención de acercamiento del entorno a la ciudadanía, para que pueda conocer el valor de su patrimonio. No obstante, nos parecía importante que la información y los datos que se facilitasen pudieran estar estructurados y ordenados, de modo que un conocedor/a de la materia supiera usarlos como posible base de una futura investigación. Por ello, cada una de las publicaciones de estas rutas se muestra siguiendo la misma configuración.

Más específicamente, se ha tenido especial cuidado en el tratamiento de los datos que se recogen en la ficha de cada caso de estudio escogido. Dicho documento contiene diferentes formatos de facilitación de información, que nos han parecido útiles para poder dar a conocer de una manera más completa estas piezas que aquí nos acompañan. Algunos de los casos seleccionados en estas rutas, se recogen también en otras bases. Es el caso de la **Guía de Arquitectura de Madrid**, editada por la Fundación de Arquitectura COAM, así como el **DoCoMoMo** (Documentation and Conservation of buildings, sites and neighbourhoods of the Modern Movement), una organización sin ánimo de lucro que tiene como misión la protección y conservación de la arquitectura moderna a la vez que su clasificación en distintas categorías.

Gráficamente, la descripción posee un pequeño **Plano de situación** cuya escala es constante a lo largo de la ruta. El plano corresponde a la cartografía del Geoportal del Ayuntamiento de Madrid, está norteado y consta del nombre del vial principal más cercano al volumen edificado. Además, una mancha sólida coloreada señala la huella construida de la pieza, siendo ésta la última registrada del edificio original en caso de estar demolido. Esto nos permite localizarnos de forma específica en la ciudad.

El **Alzado** y la **Planta principal** del edificio también se muestran en estos documentos. Describen la situación histórica, normalmente de la primera edificación, y en su leyenda figura la fecha que se recoge en la documentación original consultada en los respectivos archivos. La escala de todos los planos de esta publicación es la misma. Del mismo modo, el grafismo se ha unificado, por lo que sería posible generar un atlas de estos conjuntos aunado mediante un dibujo homogéneo. Además, se complementa con la leyenda de usos desarrollados en ciertos espacios y estancias, siguiendo los apuntes originales o publicaciones de la época.

Uno de los formatos más atractivos que se recogen en estas rutas son las **Axonometrías**. Son isométricas, por lo que se podría medir sobre ellas y su escala es constante a lo largo de la presente publicación. Representan la situación contemporánea del conjunto o, en el caso de que estuviera demolido, su última configuración construida conocida. Este documento se acompaña de dibujos de vehículos o arbolado, que nos permiten entender mejor la situación urbana de cada pieza. También recoge la sombra arrojada del volumen, ubicándose el sol en posición meridional. Los textos que lo acompañan describen las circunstancias que han acompañado al edificio con el paso del tiempo, desde posibles fechas de aprobación de licencia de actividad; información sobre los trabajadores/as del conjunto; descripción sobre su materialidad, etc.

Los datos que se recogen en la parte superior de la ficha corresponden al momento de los planos que visualizan el caso. En este sentido, la **Superficie de la parcela**, así como la **Superficie construida** o el **Número de plantas**, han sido tomados de la documentación original. Cuando no se ha podido acceder a ella, las dimensiones han sido obtenidas de una publicación de la época, del Catastro o mediante redibujados de los autores, en este orden de prelación. Así, la superficie de la parcela corresponderá a la del momento de los planos, siendo recogidas posibles ampliaciones en los datos que se introducen en la axonometría. Del mismo modo, la superficie construida recoge únicamente los metros edificados sobre rasante, siendo aclarada en algunas ocasiones la existencia de sótanos en la axonometría. La misma situación se repite con el número de niveles de la construcción que, en caso de haber sufrido modificaciones, son puntualizadas en dicho documento.

El parámetro de **Edificabilidad** resulta de la operación de dividir los metros cuadrados construidos entre los metros cuadrados de parcela.

El nombre del **Barrio** ha sido señalado en correspondencia a las asignaciones recogidas en la página de "Distritos y barrios" del Ayuntamiento de Madrid en el año que se ha elaborado la documentación, que corresponde a la fecha de publicación del presente documento.

La **Actividad original** ha sido obtenida de la licencia de actividad que corresponde al año de los planos que describen el caso. En caso de no haberse podido acceder a ella, la información se ha obtenido de la memoria de proyecto original, publicaciones de la época, relatos de la época o del Registro mercantil, en este orden de prelación.

La **Actividad principal** actual ha sido detectada mediante la consulta de la licencia de actividad más reciente o bien mediante visitas al caso y consulta de las empresas recogidas en GoogleMaps o en el Registro mercantil.

La **Estructura**, **Cubierta** y **Envolvente** se refieren a los elementos principales del momento de los planos del conjunto. Han sido obtenidas de las memorias originales o, en su defecto, caracterizadas mediante los planos originales o la visita al caso.

El **Estado** pretende indicarle al lector en qué situación se encuentra el conjunto en el momento de la elaboración del material, que corresponde a 2023-2024.

Los nombres de los **Arquitectos** y **Otros técnicos** que han participado en el proyecto correspondiente a los planos, se han obtenido de la documentación original, el Colegio de Arquitectos de Madrid o de publicaciones de la época.

La **Fecha de inicio de proyecto** corresponde al año en el que aparecen los primeros documentos relacionados con el proyecto que se está mostrando, es decir, de esa propuesta en concreto. No se recogen en esta fecha propuestas anteriores de proyectos distintos. En este sentido, las fuentes han sido la documentación original de los archivos institucionales, así como los archivos de los propios profesionales que participaron en la elaboración de la documentación.

La **Propiedad actual** se corresponde con la recogida en la base de datos del Catastro en la fecha de elaboración del material de publicación, es decir, 2023.

El **Nombre original** se ha recogido de las memorias de los proyectos correspondientes a las fechas de los planos, así como en testimonios de ciudadanos/as de la época. Cuando este dato no se ha encontrado, es suprimido de la ficha.

El **Nombre actual** corresponde a cómo el conjunto se denomine (mediante un cartel en su fachada o similar), o bien, cómo ha sido descrito en licencias de actividad recientes. En caso de no haber encontrado esta información, prevalece el nombre original.

La **Dirección** ha sido escrita como aparece en el Catastro, entendiendo que es una información validada.

En la elaboración de esta investigación se ha pretendido atender a criterios objetivos que permitieran describir y cualificar una realidad cambiante que ha ido modificándose con el paso del tiempo. Se espera que esta pequeña aportación sea de interés y ayuda para el acercamiento y conocimiento de estas piezas que, a nuestro entender, abrazan una evolución inminente de cambio del tejido económico de esta ciudad, Madrid.

REFERENCIAS

El redibujado de las planimetrías de los edificios, así como los diagramas y axonometrías, han sido elaborados a través de diversas fuentes de información. Principalmente, se ha procedido a la consulta de la documentación existente de las licencias de obra recogidas en los archivos de Instituciones públicas, bien a través de Testimonios del Área de Gobierno de Urbanismo, Medio Ambiente y Movilidad del Ayuntamiento de Madrid, del Archivo de la Villa o del Negociado de archivo y servicios generales de la Junta Municipal del Distrito de Fuencarral-El Pardo del Ayuntamiento de Madrid.

Complementariamente se ha consultado la documentación existente en la Guía de Arquitectura de Madrid de la Fundación Arquitectura COAM y la información del Servicio Histórico del Colegio de Arquitectos de Madrid, especialmente en aquellos edificios que cuentan con fichas específicas de patrimonio arquitectónico.

Todas estas fuentes se han completado con la consulta de visores de fotografías aéreas históricas y actuales del Geoportal del Ayuntamiento de Madrid, el visor de Infraestructura de Datos Espaciales de Madrid y Google Earth, así como con visitas de campo realizadas por los autores/as y colaboradores/as.

La metodología aplicada se fundamenta en redibujados de los casos de estudio, a modo de los utilizados en el Grupo de Investigación de Vivienda Colectiva de la UPM - GIVCO, lo que permite la comparativa de los edificios, ya que la información de cada construcción se ha sintetizado para ofrecer una visión contemporánea.

Así mismo, las siguientes publicaciones y artículos han sido de gran valor para la descripción y exposición de los edificios de la ruta:

· BALDELLOU, Miguel Angel. 1998. "El edificio profidén, en peligro" en *Arquitectura COAM* 314, p.68-73.

· BAYÓN, Mariano; y MARTÍN, José Luis. 1980. "Edificio de almacenamiento de materiales plásticos" en *Arquitectura COAM* 223, p.41.

· DE LAS CASAS, Manuel; DE LAS CASAS, Ignacio; y LORENZO SAIZ-CALLEJA, Jaime L. 1991. *El Croquis* 51, p.97-99.

· MORENO MANSILLA, Luis; y TUÑÓN, Emilio. 1991. "Devanando la modernidad" en *El Croquis* 51, p.82-91.

· VÁZQUEZ MOLEZÚN, Ramón; y CORRALES GUTIÉRREZ, José. 1966. "Laboratorios PROFIDEN" en *Arquitectura COAM* 94, p.15-20.

Fuentes de imágenes (consultadas en noviembre de 2023):

Fig. 01, 03 y 07 | Archivo Fundación Alejandro de La Sota.

Fig. 02 | Visor de Infraestructura de Datos Espaciales de Madrid en https://idem.madrid.org/cartografia/sitcm/html/visor.htm

Fig. 04 | Archivo de José Luis Romany Aranda.

Fig. 05 | Archivo del estudio E. Bardají & Asociados en http://www.ebardaji.es/

Fig. 06 | Archivo digital de amigos de Cardenal Herrera Oria en Facebook

Fig. 08 | Archivo digital de Foura en http://foura.es/otros-proyectos

Fig. 09 | Archivo de Lluís Casals.

Fig. 10 | Archivo de José Manuel Sanz en http://www.josemanuelsanz.com/

Fig. 11 y 12 | Archivo digital de la Guía del COAM en https://guia-arquitectura-madrid.coam.org/

Fig. 13-15 y 17-25 | Archivo de los autores (noviembre 2023).

Fig. 16 | Archivo digital TimeOut en https://www.timeout.es/madrid/es/

Fig. 26 | Archivo digital de *DoCoMoMo en https://docomomoiberico.com/

Fig. 26 | FC1 014_Laboratorios Profidén

MIS NOTAS SOBRE ESTA RUTA

Madrid Industrial es un proyecto de investigación y puesta en valor del patrimonio productivo de Madrid, enfocado al estudio de los polígonos creados durante el desarrollismo industrial propio de la segunda mitad del siglo XX, situados en la corona periférica de la ciudad. Se presenta así esta colección concebida como una guía ilustrada del patrimonio industrial y estructurada a lo largo de rutas que promueven el conocimiento de los distintos distritos a través de estas construcciones. Las guías permiten conocer la historia y las características detrás de cada una de las construcciones, donde la información de cada edificio se ha sintetizado para ofrecer una visión contemporánea de este patrimonio olvidado, presentándose como un legado de gran valor a tener en cuenta para su futuro desarrollo.

En los últimos 50 años, el polígono industrial de Fuencarral ha ido creciendo lentamente, evolucionando de una pradera hacia el tejido productivo que podemos observar en el siglo XXI. Actualmente, se encuentra en un momento de fortalecimiento de su identidad, en el que busca un equilibrio entre la especulación y la gentrificación que la acecha, puesto que su patrimonio e infraestructuras arquitectónicas necesitan renovarse para atender a las necesidades contemporáneas de sus vecinos/as. Su buena conectividad y su cercanía a los Hospitales Ramón y Cajal y La Paz, convierte este territorio en un entorno de gran potencial para inversores, lo que está generando conflictos entre el respeto a los ritmos de barrio y la explotación económica del mismo.